개정

누리과정에 따른

# 생활 지도 및 상담

안영진

창지사

# 머 리 말

20여 년간 유아 생활 지도 과목을 강의하며, 출간된 많은 책들을 보면서 유아 생활 지도의 전반적인 내용과 실제가 적절하게 배합된 인문서의 부족함을 느껴, 이론과 실제 편을 보완하여 개정판을 출간하게 되었다. 또한 3~5세 연령별 누리과정의 도입에 따라 유아 생활 지도의 내용을 구성하였는데, 3~5세 연령별 누리과정 총론에는 구성 방향, 목적, 영역별 총괄 목표 외에 편성, 운영, 교수·학습 방법 및 평가의 내용을 추가함으로써 국가 수준의 공통과정의 구성 체계와 형식을 갖추었다. 영역별 목표 제시 및 내용 구성을 보면 5개 영역별로 만 3, 4, 5세를 동일한 목표로 제시하고, 내용은 유아의 발달 수준을 고려하여 연령별로 구성하였다.

유아의 일상생활에서 여러 가지 문제들을 스스로 해결하고 그들의 능력을 최대한 발휘할 수 있게 조력함으로써 많은 기회와 경험을 갖게 할 수 있도록 도와주는 교육적 활동이어야 하므로, 이 점을 고려하여 이론과 실제를 종합적으로 분석, 정리하였다.

이 책은 교육대학원생, 유아교사, 유아교육 전공자 및 보육교사 과정을 이수하고 있는 분들의 효과적인 유아 생활 지도의 전반적인 내용 전달을 목적으로 기술하였으므로, 유아교육에 관련된 수업 지도에 실제적으로 활용될 수 있으리라 믿는다. 또한 좋은 부모가 되기를 원하는 분들에게도 좋은 길잡이가 되리라고 생각한다.

이 책을 엮는 데 필자의 연구 외에 많은 저서들을 참고하였음을 미리 밝혀둔다.

이 책의 1부에서는 1장 유아 생활 지도의 이해, 2장 교육과정 및 보육과정에서의 유아 생활 지도, 3장 유아 행동의 이해, 4장 유아 생활 지도의 운영, 5장 유아 생활 지도의 실제, 6장 유아 생활 지도의 활동 등으로 구성하였다. 또한 2부에서는 7장 유아의 부적응 행동 유형과 지도를 세부적으로 다루어 구성하였다. 특히 이론의 내용과 관련된 사진을 직접 촬영하여 본문 곳곳에 수록하였으며, 실제편은 특정적인 행동에 대한 이해를 돕기 위해 삽화를 실었다.

막상 출판하고자 하니, 부족한 점이 많아 부끄러운 마음을 금할 길이 없다. 하지만 이를 학문적 성장의 계기로 삼을 것이다. 은사 및 선배, 동료 학자들의 관심 있는 비판과 함께 격려와 성원을 보내주시면 필자에게 더욱 큰 힘이 될 것이다.

소중한 이 책이 나오기까지 원고 정리와 현장 사진을 도와주신 여러 구리사랑어린이집 원장, 원감님과 조교님들에게 감사드리며, 또한 창지사 사장님, 교정을 도와주신 편집부 직원들과 그 밖에 여러 분의 도움을 받은 바가 크다.

이 책을 출판하기까지 뒤에서 말없이 도와준 가족들에게도 또한 고마움을 느낀다.

2013년 3월 행원동산에서

안영진

# 차 례

## 제 1 부 유아 생활 지도의 이론

## 3장 유아 행동의 이해 ●●●31



## 4장 유아 생활 지도의 운영 ●●●61

# 제 2 부 유아 상담

제 1 부

# 유아 생활 지도의 이론

1장

# 유아 생활 지도의 이해

## 1. 유아 생활 지도의 정의

생활 지도란, 원래 영어의 guidance를 우리말로 번역한 것이다. 생활 지도의 의미도 그리 단순하지는 않다. 초·중등교육 등 전통적인 학교 교육에서도 그 의미는 여러 가지로 쓰여져 왔다. 어떤 학자는 그 의미를 좁혀서 직업 지도 등 학습 지도 이외의 영역에 중점을 두어 논의하기도 한다.

guidance란 말은 1908년 미국 보스턴시 직업 국장이던 파슨사(Frank Parsonsa)가 직업 지도의 뜻으로 vocational guidance란 말을 쓴 데서부터 출발하였다고 한다(Parsonsa, 1911). 그 후 미국에서는 대학에 진학하지 못하는 청소년들을 위한 직업 지도 운동이 일어났고, 이것이 오늘날의 생활 지도로 발전하게 된 것이다.

생활 지도의 출발은 이상과 같이 청소년의 직업 지도 등 교육적 활동의 일부분의 일로서 시작된 것이지만, 차츰 그 영역이 확대되어 오늘날에는 대체로 교육 활동의 거의 모든 영역을 포괄하게 되었다. 예컨대 학생들의 효율적인 학업 성취를 위한 학업 지도(educational guidance), 졸업 후의 진로 준비를 위한 직업 지도(vocational guidance), 건강과 신체적 활동을 위한 건강 지도(health guidance), 여가를 가치 있게 보내게 하기 위한 여가 선용 지도(guidance for leisure time), 민주 시민으로서의 사회생활을 영위하게 하기 위한 사회성 지도(social guidance), 학생들의 인격적 성숙을 도와주기 위한 인성 지도(personality guidance) 등 청소년의 생활 전반에 걸친 문제를 생활 지도에 포함시키고 있다(김광웅, 1997).

이러한 생활 지도에 대하여 우리가 가지고 있는 잘못된 개념들이 있는데, 이를 지적하면 다음과 같다(박성수 외, 1996).

첫째, 생활 지도란, 단지 전문가의 활동 영역이다. 한두 명의 생활 지도 담당자, 상담자가 모든 아동의 교육적 문제를 다룰 수 있다고 보는 것은 어리석은 생각이다. 생활 지도란 상담자뿐 아니라 교사, 행정가, 교육심리학자 등 여러 사람들에 의하여 이루어지는 것이다.

둘째, 생활 지도는 단지 아동의 정서 문제뿐만 아니라 인지적 문제도 다룬다. 일반적으로 교사는 아동의 인지적 발달에만 관심을 두며, 상담자나 학교심리학자는 아동의 정서 발달에만 관심을 둔다고 생각한다. 그러나 인간의 여러 측면은 이렇게 인지, 정서로 명쾌히 나눌 수 없으며, 또한 그것은 윤리적으로 바람직하지도 않다. 상담자가 아동의 학습보다는 정서적 측면을 강조하는 것은 사실이나, 이는 다만 정도의 차이일 뿐이다. 상담자가 아동의 지적 능력을 무시하고 성격을 재구성한다는 것은 거의 불가능한 일이다.

셋째, 생활 지도는 특정한 종류의 문제에 국한된다. 생활 지도에서 관심을 갖는 영역은 학업만도 아니고 진도 지도만도 아니며, 그 외에 어느 특정 영역만도 아니다. 생활 지도는 아동의 전인적 발달에 관심을 두므로 지적 발달이나 사회성 발달에만, 또는 정서적 문제에만 국한되지 않는다.

넷째, 생활 지도는 따로 정해진 시간에만 이루어진다. 생활 지도는 교육기관의 전문종사자 모두가 수행할 수 있는 것이다. 따라서 생활 지도는 교실에서뿐 아니라 아동과 상호작용이 이루어지는 곳이라면 어디에서든 이루어질 수 있다.

다섯째, 생활 지도는 항상 상담실에서만 이루어진다. 상담자는 모든 상담을 상담실에 앉아서만 수행하지는 않는다. 즉, 모든 상담이 항상 상담실과 같은 상황을 필요로 하지 않는다. 상담에 있어서 비밀 보장이 중요하나 아동의 생활 지도는 교육기관 어느 곳에서든(복도에서든, 원장실에서든, 교실에서든) 이루어질 수 있다.

여섯째, 생활 지도는 학급 활동에 첨가된 활동이다. 만약 여러분이 커피, 설탕, 크림을 따로 따로 맛본다면 설탕과 크림을 넣은 커피 맛을 상상하기란 어려울 것이다. 이 맛은 커피, 설탕, 크림 각각의 맛을 합한 것이 아니다. 즉, 단순히 부분의 합이 아닌 전체, 이것이 바로 교육이다.

생활 지도에 교사가 반드시 참여해야 하거나 그것이 아동의 정서적 측면에만 국한하는 것이 아니라면 그리고 어디에서든 항상 이루어질 수 있는 것이라면 생활 지도는 교육에서 단지 첨가 활동이 아닌 교육기관에서 일어나는 모든 측면이 되는 것이다.

사실 유아들도 가정에서나 사회에서 혹은 유치원, 어린이집 생활을 통해 수많은 문제와 위기 사태에 직면하게 될 경우가 많이 있다. 이때 유아들은 아직 지적, 신체적으로 발달, 성장해 나가는 과정에 있기 때문에 위기를 위기로서 문제를 문제로써 인식하지 못하는 경우가 생기며, 이에 따라 자연히 바람직한 발달이 지연되고 부적응 행동 또는 이상 행동이 유발되거나 어느 시점에서 고착(fixation)되는 경우가 많이 나타나게 된다. 따라서 유아교육현장에서 유아를 지도하는 교사는 유아로 하여금 자기 스스로 그 위기와 문제를 올바르게 인식하고 해결해 나가며 각자가 지닌 성장, 발달의 가능성을 최대한으로 계발하고 실현될 수 있도록 도와주어야 한다.

유아 생활 지도란, 유아 각자가 자기 자신에 대한 이해와 통찰(insight)을 깊게 하여 자율적이고 자주적인 생활습관을 가지고 보다 안정되고 통합된 성장, 발달을 하도록 체계적이고도 전문적으로 도와주는 과정이다.

따라서 유아는 생활 지도를 통하여 자기이해(self~understanding) 및 자기결정(self~determination), 그리고 자기실현(self~realization)을 이루도록 도움을 얻으며 자기를 둘러싸고 있는 환경과도 원만한 관계를 맺을 수 있는 능력을 키워 나가게 된다(장선철, 1995).

## 2. 유아 생활 지도의 목표

유아 생활 지도의 정의에서와 같이 유아 생활 지도란, 결국 모든 유아가 안정되고 건전하며 통합된 성장과 발달을 이루도록 돕는 교육적인 활동이라는 데에 그 최종 목표가 있다.

정원식은 아동의 행동에 직결된 생활 지도의 직접적인 목표와 학교에 대한 봉사자로서의 생활 지도의 간접적인 목표로 나누어 설명하고 있으며, 계정회 외 6명은 유아 생활 지도의 일반 목표로서 다음의 네 가지를 들고 있다.

첫째, 유아 각 개인의 자율적 성장을 돕는다.

둘째, 유아의 각 개인이 지닌 성장 가능성을 계발, 실현할 수 있도록 돕는다.

셋째, 생활 지도는 문제 해결이나 증상 제거뿐만 아니라, 개인의 전인적 성장을 고려한 가운데에 이루어져야 할 것이다.

넷째, 특히 유아 생활 지도에서의 유아의 발달 특징을 고려하여야 한다.

한편, 스트랭(R. Strang)과 해처(L. Hatcher)나 트랙슬러(A. E. Traxler)와 험프리스(T. A. Humphreys) 그리고 존스(A. G. Jones) 등이 생활 지도의 목표에 대하여 서술하고 있는데, 이들의 견해를 집약하여 보면 개인으로 하여금 자기의 능력과 흥미를 이해시켜 최대한의 개인적인 발전을 이루게 한다는 것이다.

위에서 살펴본 다양한 목표들을 포괄하여 박성수(1996)는 다음과 같이 정리하고 있다.

### 1) 자기이해

상담과 교육의 주요 목적은 통찰, 즉 자기이해이다. 자기이해란, 자신의 능력, 성격, 신체적 조건 등을 정확하게 파악하는 것이다. 자기를 이해한다는 것은 가장 쉬운 과제 같지만 실제로는 그렇지 않다. 자기이해는 종종 자아의 관여로 막히는 경우가 있다. 여기에서의 자아(ego)란 자아존중감을 의미한다. 따라서 생활 지도에서는 아동이 자신의 지적 능력, 적성, 가치, 태도 등을 바르게 이해하도록 도와야 한다. 여기에서 자신을 이해한다는 것은 내면세계의 심리적 과정을 이해하는 것만이 아니라 자신과 이 세계와의 관계를 이해하는 것도 포함된다.

### 2) 정신 건강과 적응

정신 건강이란, 자기이해라는 말보다 미묘하고 이해하기 어려운 것이다. 건강이란 내적으로는 건전하며 외적으로는 효과적으로 기능하는 상태를 의미한다. 따라서 정신적 건강이란 한 개인이 일상생활에서 만족감을 얻으며, 그가 당면하는 대부분의 문제를 다룰 수 있는 통합된 상태를 말한다. 정신 건강과 정서적 적응은 동의어가 아니다. 한 아동이 특정 환경에 잘 적응한다고 해서 그가 항상 정신적으로 건강한 것은 아니다. 적응은 자신과 환경과의 조화에서 나오는 것이다. 외적으로는 환경과의 관계에서 편안하게 보이나 내적으로는 환경을 거부할 수도 있다. 이러한 상태는 아동의 심리적 효율성을 약화시킬 수 있다.

블록을 가지고 놀이하는 유아들

아동이 환경에 지혜롭게 대응하고 적응하기 위해서는 환경에 대한 이해가 필요하다. 인간에게 작용하는 환경이란 심리적 환경만이 아니라 사회적·문화적 환경도 포함된다. 또한 아동은 자신의 내면세계에 대해서도 바르게 이해하여야 한다. 뿐만 아니라 양자 간의 상호작용에 대하여 정확하고 바른 이해를 지니고 있어야 환경에 지혜롭게 적응할 수 있다. 따라서 아동이 환경에 적응하고 활용하는 데 필요한 가치관, 태도, 지식, 기능을 기르는 것이 생활 지도의 또 다른 목표가 된다.

### 3) 성격 및 사회성 발달

발달이란, 어떤 속성이 적절한 조건이 주어진다면 점진적으로 진보됨을 시사하는 것이다. 특히 아동기는 인간의 모든 발달이 급격히 이루어지는 시기로, 생활 지도에서는 아동의 모든 발달이 균형 있게 이루어지도록 도와야 한다. 즉, 신체적·지적 발달뿐 아니라 바람직한 성격 발달과 사회성 행동을 발달시킬 필요가 있다. 다시 말해서 아동이 정서적 안정과 긍정적인 성격 특성을 발달시키고 성격 발달 과정상의 문제를 해결할 수 있도록 하여야 한다.

또 건전한 사회적 행동의 발달을 촉진하여 아동이 원만한 대인관계, 교우 선택을 할 수 있게 하고 의무와 책임을 다하고 권리를 찾을 수 있는 반사회적 행동을 예방, 자주 정신을 지닌 공민이 될 수 있게 하며 반사회적 행동을 예방·치료한다.

친구와 함께 재미있게 놀이를 하고 있는 모습

### 4) 바른 습관의 형성

급식 시간에 음식을 골고루 먹는 모습

습관이란, 어떤 행동이 반복되어 나타나므로 형성되는 것이다. 습관이란 좋은 것이든 나쁜 것이든 서로 독립적이지 않고, 여러 습관이 서로 연결되어 형성된다.

아동기는 각종 습관이 형성되는 시기이다. 따라서 바른 습관이 형성되도록 지도하는 것이 중요하다. 왜냐하면 일단 형성된 습관은 쉽게 떼어지지 않기 때문이며, 또 다른 나쁜 습관을 만들게 하기 때문이다. 예를 들어 밥투정은 밥을 안 먹는 것뿐 아니라 식사의 기본 예법도 배우지 못하게 한다.

또한 나쁜 습관은 아동의 사회성 발달, 지적 발달, 신체적 발달에도 영향을 미칠 수 있다. 엄마가 항상 밥을 먹여 주어야 하는 아동은 또래들에게서 무시되거나 조롱을 받을 수 있으며, 편식을 지나치게 하는 경우 신체적 발달에도 영향을 줄 수 있다.

### 5) 학습의 촉진

여러 명의 유아들과 함께 과자로 집을 만드는 모습

학습이란, 경험에 의한 행동의 실질적 변화이다. 학습은 아동의 지적 조건이나 정서적 조건에 의해 방해를 받게 된다. 따라서 학습을 잘하게 하려면 아동의 정서적 혼란을 제거해 줄 필요가 있다.

동기 유발이 잘된 학습은 거의 자명하다. 그러나 동기 유발이 안 된 아동은 노력을 하지 않는다. 취학 아동이라면 만성적 지각, 잦은 결석, 무단결석 등을 하게 된다. 우리는 모든 아동이 모든 활동에 열의를 가지고 교실에 앉아 있다고는 생각할 수 없다. 가장 중요한 것은 아동의 자아개념으로, 자아개념은 아동이 주어진 과제를 완수하도록 동기 유발을 하는 데 커다란 영향을 미친다. 만약 한 아동이 자신은 그림을 그리지 못하고 그릴 수 없으며, 따라서 그리지 않겠다고 한다면 교사와 그 외 다른 사람들은 그 아동이 즐거운 마음으로 그림을 그릴 수 있게 하기 위해서 바람직한 자아개념을 형성하도록 도와야 할 것이다.

능력 있고 경험 있는 교사는 각 아동이 스스로를 무엇인가 성취할 수 있는 가능성을 지닌 존재로 볼 수 있도록 도울 수 있다. 이것은 교사가 학습 결과가 아니라 학습 과정에 초점을 두고 아동을 지도함으로써 성취할 수 있다.

이렇게 볼 때 생활 지도의 목표는 어린 아동으로 하여금 자율성과 창의성을 발휘하여 자기실현(self~realization)과 자기지향(self~direction)을 가능하게 한다는 데 있다고 하겠다.

이상의 견해를 참고로 유아 생활 지도의 목표를 유아교육현장에서 다루는 내용과 관련지어 정리하여 보면 다음의 다섯 가지로 요약이 된다(장선철, 1995).

첫째, 모든 유아로 하여금 기본적인 생활습관과 예의범절을 익힐 수 있도록 돕는다.

가정이나 유아교육기관에서는 생활 지도를 통해 모든 유아에게 기본적인 생활습관과 예의범절을 익히도록 도와주어야 한다. 식사 지도 및 용변 훈련, 청결 및 안전 지도, 의복 착용 및 수면 지도 그리고 인사 지도 등이 여기에 속한다.

둘째, 유아 각자의 자율적 성장을 돕는다.

생활 지도는 유아로 하여금 자신에 대한 정확한 이해와 통찰을 하게 하여 가정에서나 사회에서 혹은 유아교육기관 생활이나 학교생활을 통해 겪게 되는 문제와 위기 사태를 자기 힘으로 스스로 해결할 수 있도록 도와준다.

셋째, 유아 각자가 지닌 발달의 가능성이 실현될 수 있도록 돕는다.

유아는 아직은 미완성된 미숙한 존재이나 무한한 성장, 발달의 가능성을 지닌 개체이다. 따라서 생활 지도 활동을 통하여 그들이 지닌 성장, 발달의 가능성을 계발(啓發)시켜 주고 자아실현을 이룰 수 있도록 도와줘야 한다.

넷째, 모든 유아로 하여금 자기 주변의 환경과 적절한 관계를 맺도록 도와준다.

생활 지도를 통해 모든 유아가 자기가 속해 있는 집단 – 가정, 유아교육기관, 학교, 사회 – 속에서 적절한 인간관계를 맺어나가는 가운데 우리 의식(we-consciousness)을 가지도록 한다. 또한 동네의 자기 또래나 이성과의 교우관계를 원만하게 형성시켜 나가도록 도와준다.

다섯째, 생활 지도는 유아의 전인적 성장에 관심을 두어야 한다.

생활 지도를 통하여 모든 유아가 신체적·지적·사회적·정서적인 모든 면에 있어서 잘 조화되고 다양한 인생을 즐길 수 있도록 돕는다.

## 3. 유아 행동에 영향을 미치는 요인

환경이 지능에 주는 정도는 유아가 속해 있는 사회계층과 상당히 밀접한 관련을 맺고 있음을 알 수 있다.

지능은 유전하며 환경에 의해서 변화할 수 있으므로 유전, 환경 어느 한쪽에만 전적으로 의존할 수 없으며 극단적인 유전론과 환경론이 성립될 수 없다. 즉, 지능은 어느 정도 유전에 기인하지만 유아가 성장해 가는 과정 속에서 환경의 영향에 따라서 달라질 수 있는 가능성이 있다는 것이다. 따라서 지능은 유전적, 환경적 요인 모두에 영향을 받는다고 볼 수 있다.

# 4. 연령별 유아 행동의 특성

## 1) 영아 행동 특성

### (1) 격리불안

영아는 애착 대상인 어머니와 함께 있다가 멀어지거나 격리되면 불안해져서 운다. 낯가림이 사라지기 시작하는 12개월부터 20개월 사이의 영아는 기어 다니거나 걸을 수 있으므로 어머니에게 떨어지면 어머니 곁으로 가려고 애를 쓴다.

### (2) 애착

#### ① 공포

- 공포 반응은 놀라는 표정이나 행동으로 표출되며 대부분은 운다.
- 공포 반응이 나타나는 경우는 다음과 같다.
- 갑자기 영아를 이동했을 경우
- 큰소리를 질렀을 경우
- 막 잠이 들려고 하거나 깨려고 할 때에 자극을 주었을 경우

#### ② 분노

분노는 불쾌 자극이나 압력을 극복하려는 반응이라 할 수 있다. 영아의 분노는 자기가 하고 싶은 일을 방해받거나 갖고 싶은 것을 가지지 못할 때, 자신의 요구가 거부되어 자신의 욕구가 제대로 충족되지 않았을 때 나타난다.

#### ③ 애정

영아의 정서는 외적 자극이나 신체적 특성에 의한 운동적 현상으로 표현된다.

즉, 정서적 행동의 주요한 특성은 신체적 및 지적, 사회적 행동의 특성과 밀접한 관계를 갖는데, 이는 정서의 발달 단계를 보면 잘 나타나 있다. 정서는 어떤 사태에서 파악되는 자극이나 생각이 신체적 반응과 연합되어 형성 발달한다고 할 수 있다. 분노 정서가 반복될 때에는 영아는 불신감을 갖게 되고 불안한 정서가 발달한다. 욕구가 충족되고 신체적 상태가 좋을 때에는 욕구 충족 대상에서 애정과 신뢰감을 표시하여 안정감을 갖는다.

#### ④ 기쁨

영아의 기쁨이란 단순히 쾌감에서 나타내는 행복한 정서의 반응이다. 영아들이 젖을 배불리 먹은 다음 알맞게 따뜻한 물에 목욕을 하거나 몸을 주물러 줄 때 생리적, 감각적, 운동적인 동작으로 표시하는 정서라 할 수 있다. 이 기쁨의 정서는 영아의 욕구 만족과 깊은 관련이 있다. 즉, 영아는 자신이 좋아하는 사람과 접촉할 경우, 자기가 원하는 것을 가졌을 경우, 웃음으로써 반응한다.

#### ⑤ 호기심

영아가 여러 가지 운동을 발달시키면서부터 학습한 능력을 나타내려고 할 때 주변에 있는 것에 관심을 표시한다. 자기 주위에서 일어나는 여러 가지 행동을 관찰하여 세심한 주의를 쏟는다. 그리고 이상한 소리에 귀를 기울인다든지 이상한 물건에 흥미를 느낀다든지 하여 호기심을 나타낸다.

### (3) 기본 습관 형성

#### ① 잠자기

잠자기는 대단히 중요한 기본적 습관이다. 대개 영아는 부모와 함께 늦도록 TV를 보거나 놀려고 한다. 그러나 부모는 저녁 8시～9시경에 유아를 잠자리로 데려가 재우고 아침 일찍 일어나는 습관을 기르도록 한다. 부모는 시간을 정하여 자장가를 불러주거나, 동화 들려주기, 동화 읽어주기를 통해서 영아를 잠자리로 유도하는 것이 좋다. 영아는 10시~12시간 잠을 자야하기 때문에 낮잠도 필요하다. 낮잠도 시간을 정하여 규칙적으로 재워서 신체적, 심리적 피로가 회복되도록 해야 한다.

### ② 식습관

영아기의 식사습관은 식사 때를 가족과 일치시키는 것과 수저의 사용기능, 반찬투정과 편식, 한 자리에 앉아서 식사하는 것 등과 관련된 행동이다. 식욕이 없다하여 가족과 다른 시간에 식사할 것을 요구하거나 TV를 시청하기 위해 식사시간을 지키지 않으려 하는 것과 TV시청과 식사를 동시에 하려고 요구하는 것도 정당한 식사습관이 아니기에 가족과 한자리에 즐겁게 식사를 함께 하고 끝내는 습관이 중요하다. 이 시기에 영아는 어른을 모방하여 젓가락을 사용하려 한다. 이런 소근육 운동기능의 연습도 영아에겐 중요한 학습이 된다.

### ③ 위험물 구별

유아는 이 시기에 칼, 바늘, 머리핀, 송곳 등에 호기심을 보인다. 이 시기에 이런 사물이 위험하다는 것을 알게 하는 것이 중요한 육아 과업이다. 이 시기에 유아가 적절한 위험의식을 알고 위험물을 변별할 능력을 갖게 하지 않으면 치명적인 피해를 입거나 때로는 두뇌나 신체장애아가 되기도 한다. 이에 영아가 인식할 수 있도록 일러주고, 적절히 조건화하는 방법도 있으나 지나친 공포감을 주는 것은 호기심을 제어하고 모험심을 약화시킬 수 있다. 적절한 위험물을 스스로 구별할 수 있고 위험에 대처할 능력을 갖도록 도와주어야 할 것이다.

### ④ 옷 입기와 신 신기

이 시기에 자아의식이 발달되기 때문에 무슨 일에나 "내가 할꺼야!" 등 자기주장을 하기 시작한다. 이때 영아가 스스로 할 수 있는 일을 부모들이 도와주는 것은 인생의 주체자를 인식하지 못하고 부모가 대신 그 주인공이 되고자 하려는 것이 될 수 있다. 영아는 이런 활동에 적응해 가면서 자조적 기능을 발달해 간다. 부모는 대신해 주지 않고 인내심을 갖고 꾸준히 지켜보고 칭찬과 격려를 적절히 사용해야 한다.

#### ⑤ 용변 훈련

용변 훈련의 시기는 빠르면 출생 후 7~8개월부터 시작되기도 하나 영아의 건강상태나 정서상태에 따라 지연될 수도 있다. 일반적으로 대변은 소변보다 일찍 가리게 된다. 이 시기의 부모는 이런 발달과업을 수행할 수있을 만큼 영아에게 충분한 준비가 되어 있는지를 먼저 살핀 후에 대소변 가리기 훈련을 시작하는 것이 좋다. 대소변 가리기 훈련의 태도가 지나치게 엄격하고 강압적일 때 혹은 실수에 지나치게 엄격할 때 영아는 치욕감을 느끼고 착취감, 죄악감을 발달시켜 반항적인 성격을 형성할 수 있다. 이 시기에 영아에게 싹트는 독립심과 자율의식을 지원해 주는 배변 훈련의 태도가 요구된다. 영아가 배변 훈련의 중요성을 인식하고 적극적으로 협조하여 쾌감을 만끽할 수 있도록 하기 위해서는 가능한 대소변 훈련은 즐거운 놀이와 결합되는 것이 효과적이다. 그러나 이런 배변 훈련이 지나칠 때 영아에게는 지나친 결벽증과 같은 청결 제일주의적 성격, 불결에 대한 병적인 공포 증세가 형성되기도 한다.

## 2) 유아 행동 특성

### (1) 자아중심적 사고

만 2세가 지난 후 지금까지 보이지 않았던 새로운 능력이 아동에게 나타나게 된다. 첫째는 실제로 행동하는 대신에 마음속으로 생각하고 그려보는 능력이다. 이 작용을 표상기능이라고 한다.

### (2) 실재론적 사고

유아에게 있어서 자기가 보고 듣고 느끼고 상상하는 것은 모두가 외부에 실재하고 있다고 생각하고 있다. 말하자면 심리현상과 물리현상을 혼동하고 있는 것이다. 이 같은 아동의 특유한 사고 방법을 '실재론적 사고'라고 부른다.

### (3) 기억

첫째, 유아는 전체적인 기억을 한다. 3세경의 유아는 노래나 이야기를 처음부터 끝까지 외우고 기억한다. 그러나 외웠던 것을 중간부터 기억하지 못하며 부분적으로 추출하여 기억하지도 못한다.

둘째, 유아의 기억은 유아의 감정이나 욕구와 관련된다. 유아는 자신의 흥미와 관심을 끄는 것에 주의를 기울이며 자발적으로 기억하고 오랫동안 기억을 유지한다.

셋째, 유아의 기억력에는 범주화 및 군집화의 능력이 없으며 또한 분절능력도 불완전하여 전체 맥락에서 특정 사물이나 사건을 기억하지 못한다.

### (4) 개념

#### ① 생명의 개념

유아기에는 생명이 있는 물체와 생명이 없는 물체 간의 구별을 잘 하지 못한다. 유아는 생명이 없는 비생물체에도 인간처럼 생명이 있다고 생각하는데, 이를 물활론이라고 한다.

#### ② 자아개념

유아기에는 자기에 대한 흥미와 관심이 일어나는 시기이다. 대체로 3세 정도가 되면 유아는 남녀를 구별할 수 있게 되고 어느 정도 남녀의 차이를 인식하게 된다. 4~5세경이 되면 유아는 자기 자신을 타인과 구별하여 남의 물건과 자신이 소유한 물건을 구별할 수 있게 된다. 또한 남녀 차이를 더욱 정확하게 인식한다. 즉, 자신이 남자인지 여자인지를 확실히 알게 되고, 하는 일도 무엇인지도 알기 시작한다.

### ③ 보존성의 개념

보존성이란 대상이나 물체의 형태가 변하여도 그 양은 변하지 않을 것을 의미한다.

유아는 보존성의 개념을 가지지 못하는데, 유아가 한 측면에만 의존하여 대상이나 사물을 판단하기 때문이다. 차츰 연령이 증가함에 따라 유아는 한 측면에만 의존하지 않고 두 가지 측면을 동시에 판단하는 능력이 생겨나 어느 정도 보존성의 개념을 획득하게 되나, 때로는 혼란된 상태를 보이기도 한다. Piaget에 의하면 보존성의 개념은 대략 7세~8세경에 완전히 발달되므로 유아기에는 아직 형성되어 있지 않다고 한다.

### ④ 수개념

유아가 사물과 수를 대응시킬 수 있는 것은 4~5세경부터이며, 이와 같이 수와 집합의 요소를 올바르게 대응시키는 과정이 수개념 발달의 첫 단계이다.

수개념 발달은 수의 대응관계를 이해하는 것으로 충분한 것이 아니라 범주로서의 수를 이해하는 능력이 있어야 한다.

2장

# 교육 및 보육 과정에서의 유아 생활 지도

## 1. 3~5세 누리과정에서의 유아 생활 지도

### 1) 3~5세 누리과정의 총론

누리과정의 구성 방향은 다음과 같다.

① 질서, 배려, 협력 등 기본 생활 습관과 바른 인성을 기르는 데 중점을 두어 구성한다.

② 자율성과 창의성을 기르는 데 중점을 두고, 전인 발달을 이루도록 구성한다.

③ 사람과 자연을 존중하고, 우리 문화를 이해하는 데 중점을 두어 구성한다.

④ 만 3~5세아의 발달 특성을 고려하여 연령별로 구성한다.

⑤ 신체운동·건강, 의사소통, 사회관계, 예술경험, 자연탐구의 5개 영역을 중심으로 구성한다.

⑥ 초등학교 교육과정과 0~2세 표준보육과정과의 연계성을 고려하여 구성한다.

## 2) 3~5세 누리과정의 영역 및 영역의 목적 및 목표

### (1) 목적

누리과정은 만 3~5세 유아의 심신의 건강과 조화로운 발달을 도와 민주시민의 기초를 형성하는 것을 목적으로 한다.

### (2) 목표

① 기본 운동능력과 건강하고 안전한 생활습관을 기른다.
② 일상생활에 필요한 의사소통 능력과 바른 언어 사용습관을 기른다.
③ 자신을 존중하고 다른 사람과 더불어 생활하는 능력과 태도를 기른다.
④ 아름다움에 관심을 가지고 예술 경험을 즐기며, 창의적으로 표현하는 능력을 기른다.
⑤ 호기심을 가지고 주변세계를 탐구하며, 일상생활에서 수학적·과학적으로 생각하는 능력과 태도를 기른다.

## 3) 누리과정에서의 생활 지도 : 3~5세

- 심신의 건강과 조화로운 발달을 도와 바른 인성을 갖춘 민주시민의 기초를 형성하는 것을 목적으로 하는 '3~5세 연령별 누리과정'은 0~2세 표준보육과정 및 초등학교 교육과정과의 연계를 강화하였다.
- 특히 바른 생활습관 형성을 위한 기본 생활습관을 강조하고, 남을 배려하고 존중하며, 더불어 함께하는 다양한 내용으로 구성하여 '누리과정부터 인성교육을 강화'하였다.
- 이는 최근 사회적 문제가 되고 있는 학교 폭력이 유아기의 사소한 따돌림 등으로부터 시작될 수 있고, 초·중·고교에서의 폭력성으로 습관화될 수 있다는 우려에서 대처하기 위한 것이다.

- 또한 건강한 몸과 마음을 기르도록 다양한 신체 활동 참여를 강화하고, 유아 단계에 맞는 인터넷 미디어 중독 예방, 녹색성장교육 및 다른 문화에 대한 이해 등의 내용도 추가하였다.
- '3~5세 연령별 누리과정'은 1일 3~5시간을 기준으로 유연하고 탄력적으로 편성·운영할 수 있도록 하여 어린이집과 유치원 모두 공통과정을 최대한 충실히 운영하도록 하고 있다.

3장

# 유아 행동의 이해

## 1. 유아 행동의 이해를 위한 접근 방법

많은 심리학자들은 인간의 행동을 연구하고, 그것을 설명하기 위한 원리를 발견하려고 한다. 한 개인의 행동은 여러 가지 다른 관점에서 설명할 수 있다.

심리학의 연구 방법은 다양하다. 심리학은 연구 방법의 차이에 따라 신경 생물학적 접근, 행동주의적 접근, 인지적 접근, 정신분석학적 접근, 인본주의적 접근 방법 등으로 나눌 수 있다. 그런데 이 접근 방법들을 상호 배타적이라고 이해하기보다는 인간의 복잡한 문제를 보는 그 입장의 초점이 다를 뿐이라고 이해하며 서로 보완적으로 도움을 주고 있음을 알아야 한다(이찬교 외, 1996).

### 1) 신경 생물학적 접근

인간의 행동을 뇌와 신경 계통의 결과로 보고, 인간의 정신현상을 육체적·물질적 기초에서 설명하려는 접근 방법이다. 따라서 행동이나 학습 과정의 연구는 신경 계통, 특히 중추신경의 구조와 기능을 밝혀야 한다고 생각한다.

인간의 뇌세포는 120억 개로 이루어져 있으며, 무수히 많은 세포들은 상호 연합과 회로를 갖는다. 이 인간의 뇌 구조는 우주에서 제일 복잡한 것이라고 해도 과언이 아니다. 이론적으로 모든 심리학적 사건은 뇌의 활동과 여러 신체 계통과 연결되어 있는 신경 활동으로 설명할 수 있다. 인간을 연구하는 한 가지 방법은 행동을 신체 내부, 특히 뇌와 신경 계통에서 일어나는 사건과 연관시켜 보는 것이다. 예컨대 학습의 경우, 신경 생물학적 입장에서는 새로운 과업을 학습한 결과 신경 계통에 어떠한 변화가 발생했는가에 관심을 갖는다.

최근에 발견된 사실들은 뇌의 활동과 행동 그리고 경험 사이에 밀접한 관계가 있다는 사실을 증명하고 있다. 공포·분노와 같은 정서적 반응은 사람이나 동물의 뇌 속 깊이 있는 어떤 특정한 부위에 약한 전기 자극을 가함으로써 유발시킬 수 있다. 궁극적으로는 아무리 복잡한 인간 행동이라 할지라도 그에 내재되어 있는 신경 생물학적 과정을 규명하는 것이 가능하다. 그러나 현재의 신경 생물학적 이론으로는 규명하는 것이 힘들다.

## 2) 행동주의적 접근

왓슨

행동주의 심리학자들은 인간을 외부의 자극에 대하여 수동적으로 반응하는 존재로 본다. 왓슨(John B. Watson)에 의하여 창시된 행동주의 심리학에서는, 인간의 행동이란 다른 물질에서와 같이 인과관계에 의하여 결정된다고 본다. 따라서 인간의 내부에서 어떤 변화가 일어나는가 하는 정신적 과정에 대하여는 생각할 필요없이 행동의 선행 조건과 그 결과로 나타나는 행동만을 객관적으로 관찰하여 인과관계의 법칙을 밝히는 것이 바람직하다는 것이다.

행동주의적 관점에 의하면 인간은 다른 모든 살아 있는 반응체와 다를 바가 없다. 짚신벌레나 비둘기와 마찬가지로 인간도 생물학적·행동주의적·수학적 연구의 대상이 될 수 있는 것이다. 다만, 인간의 행동은 동물에 비하여 너무나도 복잡하기 때문에 그 복잡성을 다루기 위한 특별한 개념-제2차적 강화(强化), 정보의 투입과 생산 등-이 필요하였고, 이 모든 개념은 자연주의나 물리주의의 가정과 일치한다.

'인간이란 것은 무슨 뜻인가?'라는 질문에 대하여 이 학파는 '인간은 자연의 또 하나의 피조물이고, 그의 행동은 복잡하기는 하지만 원리상 예견 가능하다. 그의 현재는 그의 과거가 결정한다. 인간의 의식은 믿을 수 없다. 전혀 무시해 버리는 것이 더 좋다. 우리는 자연의 일반 법칙을 구하며, 개인적 특수성은 불필요하다. 우리는 주관적이 아닌 객관적 현실을 구한다.'라고 할 것이다.

파블로프

행동주의 심리학자 대부분이, 파블로프(Ivan Petrovich, 1849~1936)의 개를 이용한 조건반사 실험에서와 같이 동물 실험에서 행동에 관한 법칙을 찾으려고 하였다. 그들은 행동을 유발하는 자극, 행동을 지속시키거나 제거하는 데 영향을 끼치는 보상과 벌에 초점을 두어 연구한다. 행동주의 심리학에서의 행동은 곧 자극에 대한 반응으로서, 이들의 행동에 대한 기본 공식은 자극-반응(Stimulus-Response, S-R)이다. 이러한 연구 방법은 1900년대 왓슨에서 시작하여 다소 수정은 되었다 하더라도 아직까지 그 세력을 떨치고 있다.

### 3) 인지적 접근

인지(認知)란, 감각 자극을 여러 가지 방법으로 변형하고 부호화하고 기억 속에 저장하고, 다음에 그것을 사용할 경우 인출하는 정신 과정을 말한다. 지각, 심상(imagery), 문제 해결, 기억, 사고는 인지의 단계를 가설적으로 표현한 용어들이다. 이들은 모두가 자극과 반응 사이에 전개되는 단계들이다.

인지 심리학은 현대적인 컴퓨터 또는 정보 처리 시스템과 유사하다. 유입되는

피아제

정보는 선택되고, 비교되고, 기억 속의 다른 정보와 합쳐지고 변형되고 재배열되는 등 여러 가지 방법으로 처리된다. 반응은 이러한 내적 과정의 특성과 그 때의 내적 상황에 의존한다.

인지 심리학은 형태 심리학에서 발달하였다. 형태 심리학에서는, 인간의 지각은 원자론적 요소들의 연합이 아니라, 지각하게 되는 모든 것들의 관계 속에서 전체적이고 상대적인 것으로 보는 것이다. 독일어의 'Gestarlt'라는 말은 '형태(形態)' 로 번역되고 있으나, 원래 이것은 '조직된 전체'라는 뜻이다. 여기에서의 전체는 부분들의 단순한 산술적 종합이 아니라 그 이상의 것이며, 부분들은 전체 내에서 관계를 가질 때 의미를 가지게 된다고 본다. 그렇기 때문에 형태주의 심리학자들은 인간의 심리적 현상을 연구하기 위하여 행동을 분석해야 한다고 생각하는 행동주의 심리학에 반대한다. 행동은 인간에게 주어진 장의 전체적 역동 속에서 구성되는 것으로 보고 의식의 역동적 체제화 과정을 연구하여야 하는 것이다. 그런데 체제화시키는 법칙은 유사성(similarity), 근접성(proximity), 폐합성(閉合性; closure), 그리고 연속성(continuity)에 따라 간결하게 하려는 것이라고 한다.

형태주의 심리학자로는 베르트하이머(Max Wertheimer, 1880-1943), 코프카(Kurt Koff-ka, 1889-1941), 쾰러(Wolfgang Kohler, 1887-1967), 레빈(Kort Lewin, 1890-1947) 등을 들을 수 있다. 이들의 이론은 행동주의 심리학을 반성하게 하고 피아제(J. Piajet), 브루너(J. S. Bruner) 등의 인지 이론(認知理論)의 발달을 가져오게 하였다.

### 4) 정신분석적 접근

대표적 학자인 프로이드(Sigmond Freud, 1856-1939)를 첫 번째로 하여 융(Carl G. Jung, 1875～1961), 애들러(Alfred B. Adler, 1870-1973)에 의해서 발전

된 정신분석학은 사회 환경 속에서 반항, 억제, 열등감 등의 동적인 심리 현상을 문제로 삼고 환경에 대한 부적응 현상의 원인을 밝힌다.

프로이드

정신분석학자들은, 인간이란 본능적 충동을 가지고 있으며 다른 동물과 같이 이 본능을 억압하는 것들과 항상 투쟁하는 공격적 존재라고 가정한다. 그런데 이것은 의식되는 것도 있고 의식되지 않는 것도 있다고 생각한다. 인간의 행동은 의식에 의해서만 지배되는 것이 아니라 오히려 무의식에 지배되는 경우가 많다고 생각한다. 따라서 인간의 행동은 무의식을 분석하여야만 완전히 이해될 수 있다고 생각한다.

인간의 무의식은 억압된 상태의 정신 현상이며, 그것의 근원은 욕구라는 것이다. 인생은 곧 이 욕구를 충족시켜 나가는 노력의 과정이고, 의식의 세계는 이 근원적인 욕구를 현실적으로 만족시키는 구실을 한다는 것이다. 그러나 현실적으로 무의식적 욕구는 항상 충족되는 것이 아니라 여러 가지 조건들에 의하여 충족되지 못하는 경우가 많다. 이때 욕구 좌절을 경험하게 되고 이것은 억압에 의하여 여러 가지 형태로 변형되어 나타난다. 그러므로 인간의 행동을 이해하려면 억압된 욕구를 분석하여 그것을 밝혀내야 한다는 것이다.

정신분석학은 인간의 행동에 관한 보편적 법칙을 발견하는 것보다 개인의 생활사를 중심으로 개인의 심리적 변천을 밝히는 데 관심을 가진다. 개인의 무의식을 분석하는 방법의 하나로 자유 연상법(自由聯想法 : free association method)을 쓴다. 이것은 무의식을 의식의 세계로 떠올리게 하여 억압된 의식의 응어리를 찾아내는 방법이다.

### 5) 인본주의적 접근

인본주의 심리학자들은 인간이란, 자신의 통제 밖에 있는 어떤 힘에 의해서 조종되는 것이 아니라, 자기 자신의 운명을 스스로 통제할 수 있는 주체적 행위

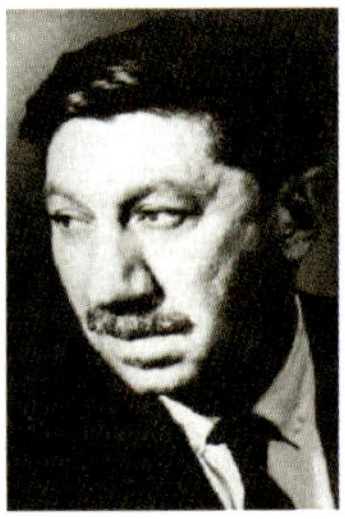
매슬로우

자라고 본다. 인본주의적 이론에 따르면 인간은 성장과 자유 실현을 추구하려는 강한 동기를 가지고 있다.

인간의 행동은 외부에서 행동을 관찰하기보다 자신의 경험세계를 연구함으로써 그 특성을 더 잘 이해할 수 있다고 본다. 똑같은 자극이라 할지라도 두 사람이 전혀 다르게 행동하는 것을 보게 되는데, 그것은 자극에 대한 해석이 각기 다르기 때문이라는 것이다. 그러므로 그 자극을 어떻게 해석하였는가 물어보는 것이 그 행동을 더 정확히 이해할 수 있다는 것이다.

인본주의 심리학은 인간의 동기나 욕구를 중요시하여 행동의 근원적인 측면을 이해하려 한다. 인간의 행동을 실험실에서 단편적·분석적으로 연구하기보다 인간의 복지와 관련하여 탐구되어야 한다고 본다. 이 점은 인정하더라도 과학적 방법을 무시하고서 정확히 이해할 수 있을까 하는 것이 의문이다.

앞에서 살펴보았던 다섯 가지의 인간 이해 방법은 왜 인간이 그렇게 행동하는가를 각기 다르게 설명한다. 이 방법들은 인간의 전체를 이해하려는 우리의 노력에 많은 도움을 주며 인간의 본질을 잘 이해하기 위해서는 다섯 가지 접근 방법을 통합하여야 할 것이다. 다시 말하자면, 이러한 모든 접근은 인간의 본질을 설명하는 데 모두 중요하며, 이 가운데 특정한 어느 하나만이 '전체적 진실'을 가지고 있다고 보아서는 안 될 것이다.

## 2. 유아 행동의 이해 방법

유아의 행동을 이해하는 데 도움을 줄 수 있는 방법들은 다양하다. 여러 가지 방법 중에서 유아교육기관에서 교사들이 반드시 중요하게 익혀 두어야 할 방법들은 관찰법과 면접법이며, 전문적으로 알 필요는 없지만 유아를 객관적으로 이해하는 데 중요한 도구인 검사법에 대해 살펴보고자 한다(강문희, 2000).

## 1) 관찰법

유아를 이해하는 가장 기본적이며 직접적인 방법은 관찰법이다. 관찰법은 표면적으로 나타나는 유아의 행동을 직접적이며 객관적으로 관찰하고, 이를 기록하여 유아가 보여주었던 장면과의 관련성을 분석함으로써 유아의 행동의 법칙이나 행동 특징 또는 성격 특징이나 심리적 특성 등의 내면생활을 추리해 내고 유아를 이해하려는 방법이라고 정의를 내릴 수 있다.

### (1) 관찰법의 종류

관찰법에는 우연적 관찰법과 조직적 관찰법으로 크게 나눌 수 있다.

#### ① 우연적 관찰법

우연적 관찰이란, 말 그대로 우연한 기회에 어린이의 행동이나 사건 등을 관찰하고 이것을 통하여 어린이에 관한 이해를 촉진시키게 되는 것을 말한다. 따라서 우연적 관찰법은 미리 어떤 의도를 가지거나 선입견을 가지고 관찰에 임하게 되지도 않으므로 아주 자연스러운 상황에서 어린이를 이해할 수 있는 좋은 기회가 된다. 또한 일상생활에서 자연스럽게 나타나는 자연 발생적인 어린이의 행동을 관찰한 것이기 때문에 현실적이고 실제적이며 가치가 있는 것이다. 따라서 이 방법은 특수한 형식이나 사전 계획이 필요 없으므로 어린이와 접촉이 많은 부모나 교사 등이 가장 손쉽고 유용하게 사용할 수 있는 방법이라고 할 수 있다.

한편, 우연적 관찰법은 어린이의 자연스러운 행동을 이해하는 데에는 도움이 되지만 자칫하면 자료가 왜곡되기 쉬운 단점도 아울러 가지고 있다. 특히 관찰하고 기록한 장면이 어린이에게 어떤 의미가 있는지를 연결시키기 어려울 수도 있다. 또한 관찰한 행동이나 사건을 즉시 정리하여 기록해 두지 않았을 경우, 기억에만 의존하여 유아의 행동을 이해하려는 데에는 그 신뢰성이 의심스럽게 되기 쉽다. 따라서 가능하다면 어린이의 행동에 대하여 관찰한 바를 그때그때 기록해 두는 것이 매우 중요하다.

일상생활 속에서 나타나는 자연스러운 유아의 행동을 관찰한다

### 2 조직적 관찰법

조직적 관찰법이란, 대체로 관찰할 사항이나 행동 등에 대해서 일정한 목표를 정하고 이것을 보다 체계적으로 관찰하는 방법이다. 비조직적인 관찰법인 우연적 관찰법에서는 어떤 사건이나 행동이 왜 일어나는지 그 원인과 발생조건을 분석, 파악하기 어렵다. 이러한 단점을 보완하기 위해서 관찰하려는 장면이나 조건을 연구의 목적에 따라 조직적으로 관찰하려는 것이 조직적 관찰법이라고 할 수 있다. 조직적 관찰법에는 대체로 다음과 같은 종류가 있다.

#### ① 시간 표집법

이것은 관찰 장면을 제한하지 않고 일정한 시간 내에 특정한 행동이 얼마나 자주 일어나는가를 양적으로 측정하는 방법이다. 즉, 미리 관찰할 행동을 정해 놓고(예 공격적 행동) 비교적 짧은 시간을 정해서(예 10시에서 10시20분까지) 이 시간 안에 몇 번이나 이 행동이 일어났는가를 기록하는 것이다.

② 상황 표집법

무엇을 관찰할 것인지의 대상이 확실히 정해져 있으면, 그 행동이 잘 나타나는 장면을 선택해서 관찰하는 것이 상황 표집법이다. 예를 들면 어린이의 사회적 행동을 알고 싶을 때에는 집단 놀이나 협동 작업을 하는 장면을, 지도성을 보기 위해서는 학급회의 활동을 보아야 한다. 따라서 관찰자는 그 사건이 언제 일어날 것이며, 어떤 상황에서 일어나는가를 잘 알아두는 것이 중요하다.

동극활동에 몰입해 있는 유아들

③ 역동적 관찰법

인간의 행동은 단순한 상황에 의하여서만 일어나는 것이 아니다. 형태주의 심리학자인 레빈(K. Lewin)은 B=f(P, E)라고 정의한 바 있는데, 즉 행동(B: Behavior)은 개인(P: Person)과 환경(E: Environment) 간의 상호 작용에 의해서 결정된다(F: Function)고 본 것이다. 이와 같이 어린이의 행동을 관찰하고 이해하려면 어린이의 개인적 요인인 정신적·신체적 요인과 그 행동이 일어난 상황적 요인이 매우 중요하므로 이 두 가지 요인을 동시에 관찰하여 그 인간의 역동적 관계에서 이해하려는 방법인 것이다.

### (2) 관찰할 때의 유의점

첫째, 실제로 보고 들은 관찰의 자료와 거기에서부터 얻은 결론 사이에는 명백한 구분을 지어야 한다. 즉, 관찰은 사실을 있는 그대로 보고 듣는 것이어야 한다.

둘째, 관찰은 객관적인 태도로 이루어져야 한다. 관찰자의 편견이나 의견이 첨가되면 관찰된 자료는 객관성을 잃게 된다.

셋째, 관찰의 대상이 된 행동이 일어난 상황을 고려하면서 관찰해야 한다.

앞에서 말한 바와 같이 같은 행동이라도 상황에 따라서 그 행동에 대한 해석이 달라질 수 있으므로 행동을 이해하고 해석하려고 할 때 상황적 요인을 반드시 고려해 넣도록 한다.

넷째, 관찰의 대상이 된 유아와 관찰된 내용은 전문적 목적 이외에는 사용할 수 없으며 반드시 비밀이 보장되어야 한다.

다섯째, 가능한 한 정확한 용어로 관찰된 행동을 기술한다.

과장되거나 장황한 설명과 용어의 사용은 관찰의 정확성과 객관성을 잃게 할 가능성이 있다.

관찰을 할 때는 상황적인 요인을 고려해야 한다

여섯째, 관찰의 결과를 기록할 때에는 다음의 사항을 포함시킨다.

- 관찰자의 이름
- 관찰 대상자의 연령, 생년월일, 성, 기타 필요한 사항들
- 관찰이 일어난 날짜와 시간, 길이
- 관찰이 일어난 상황, 장소를 구체적으로 기록(예 운동장, 놀이방, 교실, 시장, 우체국 등)

### (3) 관찰법의 장점과 단점

#### ① 장 점

첫째, 관찰법의 장점은 무엇보다도 생생한 자료를 얻을 수 있다는 점이다.

특히 있는 그대로의 행동과 반응 형태를 보고, 듣고, 느낌으로써 개인에 대한 보다 직접적인 정보를 얻을 수 있다.

둘째, 관찰법은 다른 어떤 유아 이해 방법보다도 접근하기가 쉽다는 점이다.

특히 교사가 학급이나 유아의 생활 장면에서 유아의 특정 행동을 관찰하게 되므로 별다른 제약 조건이 요구되지 않는 장점이 있다.

셋째, 관찰에서 얻어진 자료는 비교적 자세하고 풍부하기 때문에 유아의 행동을 이해하는 데 기초가 된다.

넷째, 아직 나이가 어린 아이의 심리를 이해하기 위한 심리검사는 비교적 많이 개발되어 있지 않은 편이고, 또 개발된 검사들도 어린이에게 적용하기에 무리한 점이 있다는 점을 생각할 때 자연적인 상황에서 어린이의 자발적인 행동을 관찰한다는 것은 유아를 이해하는 주요 방법이 될 수 있다.

#### ② 단 점

첫째, 개개인을 한 번에 한 명씩밖에 관찰하기가 어렵다는 점을 생각할 때 관찰자의 시간과 노력, 경비 면에서 비경제적이다.

둘째, 관찰자의 편견이나 의견 및 주관적 판단을 완전히 배제하고 객관적 관찰이 되기가 어렵다. 즉, 관찰자가 가지는 개인적 특성의 차이를 완전히 제거하기 어려운 단점이 있다.

셋째, 관찰 대상자가 자기가 관찰의 대상이 됨을 의식하게 되었을 경우 대상자의 의도적이고 가면적인 행동을 예방할 방법이 없다.

## 2) 면접법

질문지법이 종이 위에 연필로 간접적인 답을 구하는 데 대해, 면접법은 1:1의 관계에서 면담하는 형식을 취하고 있다. 즉, 유아와의 대화나 부모와의 대화를 통해 유아를 이해하는 방법이 바로 면접법이다. 면접법에서는 앞서의 여러 방법과는 달리 유아에 대한 각종 정보는 물론 유아나 부모의 감정이나 의지와 같은 내면적인 세계의 흐름까지도 알아낼 수 있다는 장점이 있다. 이러한 면접법을 효과적으로 운용한다면 교사는 비교적 자연스러운 상황에서 유아 자신과 유아가 처한 환경적 상황을 동시에 이해할 수 있게 된다. 경우에 따라서는 비교적 심층적인 가정 내의 갈등이나 문제점을 파악하게 됨으로써 교사가 유아의 행동을 이해하는 데 큰 도움이 될 수 있다(장선철, 1995).

그러나 교사가 부모와의 면접을 통하여 유아를 이해하려고 할 때, 정도에서 벗어날 정도로 가정의 사적인 문제에까지 깊이 관여하지 않게 되도록 주의해야 할 필요가 있다.

또한 면접법에는 상당한 기술이 필요한데, 자칫 잘못하면 오히려 면담 전에 알고 있던 사실까지도 왜곡되게 지각하는 경우가 생기기 때문이다. 면접법은 하나의 의사소통(communication)이다. 또한 상호작용의 과정이므로 필요한 사항에 대하여 자연스럽고 올바르게 묻고 대답할 수 있는 분위기를 교사는 조성하여야 한다.

면접법으로 교사가 유아나 부모와 대화를 나눌 때에는 다음과 같은 사실에 유의해야 한다.

첫째, 교사와 유아나 부모와의 사이에는 어떤 내용이든지 다 털어놓고 이야기할 수 있도록 심리적인 거리가 최소한도로 줄어진 신뢰로운 인간관계, 즉 래포(rapport)가 형성되어야 한다.

둘째, 유아나 부모가 많은 표현을 할 수 있게 하여야 한다. 그러기 위해서는 교사는 피면담자(被面譚者)로 하여금 교사가 열심히 듣고 있다는 느낌을 가질 수 있도록 수용적인 태도로 피면담자의 이야기를 경청하여야 한다.

셋째, 면담을 할 때 교사가 사용할 말의 내용은 대상이 되는 유아나 부모가 이해할 수 있는 것이 되어야 한다.

넷째, 유아나 부모가 이야기하는 말의 내용 자체보다는 그들의 감정과 의도 그리고 감추어진 동기를 중시하여야 한다.

다섯째, 이야기의 주도권을 교사가 가져서는 안 되며 피면담자의 질문에 대하여 성급한 조언을 하지 않고 이야기 속에 담긴 감정을 수용하고 공감하고 있음을 표현하여야 한다.

여섯째, 폐쇄적인 질문보다는 개방적인 질문, 직접적인 질문보다는 간접적인 질문을 한다. 또한 이중 질문이나 폭주하는 질문은 피하도록 한다.

일곱째, 한두 번의 짧은 면담을 통해 모든 문제를 알아내려고 하지 말고, 하나의 과정으로서 면담을 계속적으로 진행하여야 한다. 또한 면담의 결과는 반드시 기록해 둔다.

교사가 부모, 유아와 함께 이야기 나누는 모습

참고로 유아교육기관에서 유아를 이해하기 위한 기초 자료를 수집하기 위하여 부모와 유아와의 대화에서 다뤄져야 할 내용을 제시하면 다음의 표와 같다.

◀ 기타 자료를 수집하기 위한 부모와의 면담내용 ▶

| 항목 | 구체적 내용 |
|---|---|
| 가족관계 | (1) 가족의 성명, 관계, 나이, 교육수준, 직업, 성격, 취미<br>(2) 유아가 따르고 좋아하는 정도<br>(3) 가족과 유아와의 관계(특히 형제, 자매)<br>(4) 별거인, 사망자, 가족 이외의 동거자 |
| 성 장 사 | (1) 임신 중 : 어머니의 질병, 영양 상태, 정신 건강, 가정의 분위기<br>(2) 출생 : 출생 형태(순산, 난산, 제왕 절개, 수술, 사고), 출생시의 신체조건, 키, 몸무게, 기타 특기 사항<br>(3) 만 1세~현재 : 주로 돌본 사람, 질병 또는 사고, 기타 문제 |
| 수유 및 이유 | (1) 수유 방법 : 모유, 우유, 모유+우유<br>(2) 이유 시기 : 시기, 그 당시의 문제점 |
| 배변 훈련 | (1) 시기<br>(2) 문제점 |
| 언어 발달 | (1) 정상적<br>(2) 비정상적 : 그렇게 느낀 시기, 이유, 구체적 사례 |
| 교우관계 | (1) 사귀는 친구 : 여자, 남자, 친구의 수<br>(2) 사교적, 비사교적<br>(3) 문제점 |
| 좋아하는 장난감이나 놀이 | (1) 특별히 잘 가지고 노는 장난감<br>(2) 여가 시간에 주로 노는 놀이 |
| 습관 | (1) 고쳐야 할 습관 : 형성 시기, 구체적 사례 |
| 부모가 원하는 유아상 | |
| 기 타 | (1) 유아의 이해를 위해 도움이 되는 내용<br>(2) 유아교육기관에 바라고 싶은 사항 |
| 가족 및 가정에 대한 지각 | (1) 너의 집에는 식구가 누구누구 있니?(부르는 순서대로 기입)<br>(2) 각각에 대해 "ㅇㅇ는 어떠(시)니?"<br>"ㅇㅇ에 대해서 이야기해 주겠니?" |
| 교우관계 | (1) 네 친구에 대해서 이야기해 주겠니?<br>(2) "ㅇㅇ는 어떠니?", "ㅇㅇ하고는 무엇을 하고 노니?"<br>(3) "ㅇㅇ는 얼마나 좋아하니?"<br>(4) "ㅇㅇ는 얼마나 싫어하니?" |

| 항목 | 구체적 내용 |
|---|---|
| 경　험 | (1) 좋아하는 사람, 좋았던 일 → 구체적 경험<br>(2) 싫어하는 사람 → 구체적 경험<br>(3) 가지고 싶은 것 → 구체적 경험<br>(4) 화가 났던 일 → 구체적 경험<br>(5) 슬펐던 일 → 구체적 경험<br>(6) 무서워하는 것 → 구체적 경험 |
| 희　망 | 장래의 희망 → 구체적 경험 |
| 유아교육기관 생활 | (1) 재미있게 느낀 것 → 구체적 경험<br>(2) 하기 싫은 것 → 구체적 경험 |
| 기　타 | 유아 개개인에 따라 필요한 질문 |

출처 : 장선철(1995). 유아생활지도. 동문사.

## 3) 심리 검사

### (1) 투사적 성격 검사

#### 1 로르샤흐(Rorschach) 잉크 반점 검사

① 검사의 발달 배경

로르샤흐 검사는 개인의 지각 과정을 통하여 행동을 예측한다는 기본 가정 아래 1921년, 스위스의 정신과 의사 로르샤흐(Rorschach)가 10개의 표준화된 잉크 블롯(ink blot) 카드를 제작한 뒤 임상 심리학에서 지대한 관심과 광범한 사용과 수많은 연구를 자극하여 온 중요한 심리 진단 도구였다. 따라서 투사법 검사 중 가장 대표적인 검사였으며, 1940~50년대는 이 검사가 임상 심리학과 동의어가 될 만큼 중요하였다. 1950~60년에는 로르샤흐에 관한 주요한 저서들이 출판되었고, 1955년까지 3,000편 이상의 논문들이 발표되었다. 1957년에는 주요한 다섯 가지 로르샤흐 체계가 확립되었다. 이와 같은 경향은 1971년에 보고된 루빈(Lubin), 왈리스(Wallis), 페인(Paine)의 논문에 의하면 점차 사용과 교육이 감소

되는 추세로 바뀌고 있는데, 조사된 임상가의 91%가 아직 이 검사를 주요한 진단 도구로 사용하고 있으나, 검사가 실시되는 환자 비율은 1962년 80%에서 60%로 감소하고 있음이 밝혀졌다. 이와 같이 로르샤흐 사용의 감소 경향은 임삼 심리학자의 역할이 평가(assessment)에서 치료로 전환되고 있고, 이 검사가 교육의 복잡성과 장기적 수련을 필요로 한다는 점 때문에 일어나고 있다.

② 검사 재료

로르샤흐 검사 재료는 10개의 대칭으로 된 잉크 블롯 카드이며, 카드에 새겨진 순서와 위치에 따라 제시된다. 카드 Ⅰ Ⅳ Ⅴ Ⅵ Ⅶ은 무채색으로 되어 있으며, 나머지 카드Ⅱ Ⅲ은 검정색과 붉은 색채가 혼합되어 있고, 카드 Ⅷ Ⅸ Ⅹ은 여러 가지 색채가 혼합되어 있다.

이 카드들의 특징은 체계화가 되어 있지 않고 불분명하며 뚜렷한 의미가 없다는 점이다. 이와 같이 카드 자체는 명백한 어떤 대상이나 사물을 지칭하고 있지 않으나 다양한 함축적인 의미가 있는 것으로 보여진다. 래빈(Rabin, 1959)은 각 카드의 차이를 연구하였는데, 대립적인 언어의 내용에 따라 각 카드에 어떤 의미가 내포된 것으로 투사되는가를 검토한 결과, 뚜렷한 차이는 Ⅵ Ⅶ에서 보고되었다. 카드 Ⅵ은 '나쁜, 추한, 더러운, 혐오스러운, 가치 없는, 잔인한, 불쾌한, 슬픈, 부정직한, 강한, 큰, 사나운, 무거운, 두꺼운, 거칠은, 닳아진' 등의 부정적 용어로 기술되어졌고, 반면 카드 Ⅶ은 '좋은, 아름다운, 깨끗한, 친절한, 유쾌한, 행복한, 정직한, 평화로운, 밝은, 가냘픈, 부드러운, 섬세한' 등의 긍정적인 용어로 기술되어졌다. 따라서 이와 같이 불분명한 다양한 함축적 의미가 암시되는 자극 카드에 각 피험자가 다양한 반응을 투사할 수 있게 된다.

③ 검사 실시

검사를 실시할 때 좌석 배치, 지시, 반응의 기록, 반응 시간, 질문 모두가 반응 결과에 영향을 미칠 수 있는 요인들이다.

가. 앉는 위치

로르샤흐와 베크(Beck)는 피검사자 뒤에 검사자가 앉도록 하고, 클로퍼(Klopfer)와 헤르쯔(Hertz)는 피검사자 옆에 앉으며, 샤퍼(Rapaport-Schafer)는 대면 방식(face-to-face arrangement)으로 실시하며 피오트로브스키(Piotrowski)는 가장 자연스런 위치에서 실시할 것을 제안하고 있다.

이와 같은 위치가 주장되는 근거는 피검사의 배후나 측면에 검사자가 앉음으로써 피검사자에 대한 검사자의 영향을 줄이고 피검사자가 언급하는 블롯의 특징을 볼 수 있기 때문이다. 그러나 로르샤흐와 베크의 위치는 검사 실시에 있어 자연스럽지 않으며, 정면 위치를 제안한 피오트로브스키와 함께 지나치게 엄격한 위치라는 비판을 받고 있다.

검사 실시에 있어 검사자의 영향이 평가되어 왔는데, 기비(Gibby), 밀러(Miller), 워커(Walker, 1953)는 검사자에 따라 반응 수나 결정 요인의 종류에 있어 차이가 있음을 지적하였고, 매슬링(Masling, 1965)은 검사자의 자세, 동작, 얼굴 표정이 피검사자에게 영향을 준다고 하였다. 포괄적 방식에서는 검사자가 피검사자에게 줄 수 있는 영향을 줄이기 위하여 측면 위치를 제안하였다.

나. 지 시

로르샤흐는 "이것이 무엇으로 보이는가?"라고 묻고 필요한 경우에는 카드가 어떻게 만들어졌는가에 대한 설명이 주어진다. 클리퍼만이 이 양식에 따르고, 베크는 원하는 만큼 카드를 볼 수 있고 생각나는 모든 것을 얘기하도록 하였고, 피오트로브스키는 카드를 돌려봐도 좋다고 언급하며, 헤르쯔는 베크와 방식을 따르면서 필요한 경우에 카드에 대한 설명을 제시하며, 샤퍼는 로르샤흐의 기본 방식을 따르고 자유 연상 단계 후 '생각나는 모든 것을 얘기'하도록 격려한다.

포괄적 방식에서는 클로퍼 방식에 따라 "무엇처럼 보이는가?"라고만 질문하며, 경우에 따라서는 카드가 어떻게 만들어졌으며, 다른 사람들이 여러 종류의 반응을 한다는 설명이 주어지지만, 검사자의 영향을 최소화하기 위해 부가적인 언급은 될 수록 제한된다.

### 다. 자유 연상 단계

포괄적 방식에서는 자유 연상 단계에서 피검사자의 질문에 대해 개인마다 다른 방식으로 카드에 반응할 수 있다는 내용만을 전하고 응답을 유도해서는 안 된다. 카드 Ⅰ에서는 반응이 하나밖에 응답되지 않는 경우에만 "어떤 사람들은 카드에서 한 가지 이상을 보기도 한다."고 격려하고 그 외의 언급은 하지 않는다. 만약 카드에서 거부나 반응 실패가 일어난다면, 검사 준비 과정과 선택에 있어 문제가 있음을 고려해 보아야 하며, 거부된 카드에 대해 약 2분 정도 지연시키면서 응답의 기회가 제공된다.

### 라. 기 록

반응 시간의 기록은 카드가 제시되고 난 후 첫 반응까지의 시간과 한 카드에 소요된 전체 시간이 기록되지만, 가능한 방해되지 않고 피검사자에게 시간 측정이 필수적이라는 인상을 주지 않는 방식으로 기록되어야 한다. 반응 내용은 될 수 있는 한 응답자의 진술이 정확하게 기록되어 추후 연구 자료로 사용될 수 있어야 한다.

### 마. 질문 단계

자유 연상 단계가 끝나면 반응을 정확히 분류하기 위해 질문을 하게 된다. 만약 자유 연상 단계에서 충분한 정보가 위치, 결정 요인, 내용에 대해 제공되었다면 그 반응은 질문 단계에서 질문되지 않는다. 질문 단계에서 피검사자에 의해 응답된 내용만이 다루어지며, 가능성 있는 모든 결정 요인에 대한 유도적인 질문을 피한다. 질문은 비지시적인 방법으로 기술되어야 하며 "이 꽃 반응에서 색채가 결정 요인이 되었는가?"와 같은 직접적인 질문은 피해야 한다.

질문 단계 이후 정확한 내용이 파악되지 않는 반응에 한하여 직접적인 질문을 하는 음미 단계가 있는데, 이때 색채와 음영 반응, 움직이에 대한 직접적인 질문을 할 수 있다.

### ② TAT 검사(TAT-Test)

#### ① 검사의 발달

주제 통각 검사가 발달된 배경을 보면 갈톤(Galton, 1897)의 최초의 자유 연상 실험에서 그 기원을 볼 수 있다. 갈톤은 자유 연상 실험 결과 자주 반복되는 연상 내용은 어린 시절의 생활과 연관이 있으며 반복되지 않은 연상은 최초의 생활과 연관되어 있고 "이와 같은 연상이 표현되지 않은 개인의 사고 내용의 기초를 이루도 있다."고 하였다.

브리턴(Brittan, 1907)은 그림에 대한 이야기를 하도록 한 결과 소년과 소녀의 성 차이가 이야기 속에 나타남을 발견하였고, 리비(Libby, 1908)는 연령 차이가 있음을 주장하였다. 클라크(Clark, 1926)는 최초로 정신분석적 과정에 대한 보조법으로 이야기를 최초로 연구하였고, 대신 피검사자가 유아라면 이야기보다는 그림의 상황에 대해 어떤 감정을 가지겠는가를 상상하도록 하였다. 이와 같은 방법이 자기도취적인 환자로 하여금 전이 신경증(transference neurosis)을 발전시키는 데 유용함을 발견하였다. 이와 같이 이야기를 통한 개인의 이해와 평가가 시도되어 오다가 1935년 하버드 대학의 심리학자 무러(Murra)와 모건(Morgan)에 의해 TAT가 소개되었다. 이 검사는『공상 연구의 한 방법』으로 소개되었고 1938년『성격의 탐색』에 이론적 설명과 욕구-압력 체계가 제시되었다. 이 검사는 초기에는 진단적 자료를 수집하기 위하여 사용되었고 정상적 상태와 정신 병리적 상태, 유아의 발달, 태도와 정서, 문화와 성격의 상관성 연구에 사용되어졌다. 유아, 청소년, 장년, 소년의 연령별 주제 통각 검사가 있으며 유아용 통각 검사(Children's Apperception Test, CAT)는 1976년 이화대학 심리학 교실에서 한국판이 표준화 제작되었다.

유아용 통각 검사(CAT) 도판 중 도판 2

유아용 통각 검사(CAT) 도판 중 도판 6

주제 통각 검사의 도판은 31개 카드로서, 30개의 카드는 흰색과 검은색으로 그림이 그려져 있으며 하나는 백지 카드이다. 각 카드 뒤에는 남자와 여자, 소년과 소녀의 성별, 연령이 구별되어 있다.

검사 실시는 20개의 카드를 성별, 연령에 따라 구별하여, 첫 회 실시에 10개 카드, 2회 실시에 10개 카드를 나누어 2회에 실시한다. 2회용 카드들은 보다 이상하고 흔치 않은 내용이 그려져 있다.

② 검사 실시

앞서 설명된 바와 같이 성별, 연령에 따라 20개의 카드를 선택하여 1회에 10개 카드를 실시하고 2회에 10개 카드를 실시한다.

지시 내용은 "이 그림을 보고 구체적인 장면을 상상하여 이야기를 만들어 보시오. 어떻게 해서 이런 일이 일어났으며, 지금 무슨 일이 있어나고 있으며, 이 사람들의 느낌이나 생각은 어떠하며 이 일이 앞으로 어떻게 되겠는가를 구체적으로 이야기해 보시오."라고 제시된다.

반응을 기록할 때는 피검사자의 반응 내용이 그대로 정확하게 빠짐없이 기록되어야 한다.

질문은 피검사자가 응답한 내용이나 생략한 내용에 대해 검사자가 더 알고자 할 때 묻게 된다. 슈타인(Stein)은 피검사자가 지시 내용을 이해하고 있는지를 확인하기 위하여 처음의 두 그림만 질문하는 방법과 전체 반응이 다 끝나고 난 뒤 어떤 이야기에 나오는 감정, 사고, 상호작용에 대해 부가적인 자료를 얻고자 할 때 질문하는 방법이 있다고 하였다. 질문에 대한 응답으로 반응된 내용임이 기록지에 밝혀져야 한다.

다음 카드 그림의 전형적인 이야기 내용이 무엇인가가 한 카드씩 제시될 것이다. 앞서 반응 내용은 카드의 자극 그림의 내용과 개인의 내부적 경험이 모두 나타난다고 하였고, 평범한 반응 내용일수록 개인의 성격이 덜 반응된다고 하였으므로 평범한 내용이 무엇인지 먼저 파악되고 난 다음 개인의 독특한 반응 내용이 구별되어야 할 것이다.

공통된 주제는 소년이 부모에 의해 바이올린을 공부하도록 강요받는다는 내용이다. 의무에 대한 태도, 순응, 반항, 부모의 태도, 즉 공격적인가, 협조적이고 이해적인가, 권위에 대한 복종과 자립에 대한 갈등, 죄악감, 야망, 좌절, 희망, 성취 등의 내용이 나타난다.

### ③ 인물화 검사

#### ① 검사의 발달

투사적 검사법 중에서 체계화가 가장 낮아 보다 무의식적 깊이의 심리 현상을 표현한다고 가정되는 인물화 검사는 1926년 구드노우(Goodenough)에 의해『그림을 통한 지능의 측정』이라는 책이 출판되면서 소개되었다. 초기에는 개념적 성숙 측정을 통한 지능 평가 방법으로 사용되었으나 현재는 유아와 성인의 투사적 성격 검사로, 특히 자아상(self-image)이 투사되는 검사법으로 임상에서 널리 사용되며, 유아에게 사용될 때 특히 유용한 자료가 제공된다. 맥코버(Mackover)는 1949년 정신분석과 자아 심리학에 근거하여 이 검사를 발전시켰고, 정신분석적 입장에의 정신 신체 의학에서 발전된 신체 각 기관에 깃들여 있는 독특한 정서가 이 검사에 도입되고 있다. 레비(Sidney Levy)는 인물화 검사가 자아개념, 주의 환경의 인물, 이상적 자아상(ideal self-image), 습관과 정서, 검사자와 검사 상황에 대한 태도, 인생과 사회에 대한 피검사자의 전반적인 태도 등이 반영된다고 하였다.

인물화 검사의 실시 과정은 매우 간단하다. 흰 종이와 연필을 주고 "사람을 그리시오."라고 지시해 준다. 만약 질문이 있을 경우에는 "원하는 대로 그리시오." 또는 "전체 모습을 그리시오."라고 응답할 뿐 자유로운 피검사자의 선택에 맡긴다. 한 장의 그림을 그리고 나면 그 그림과 반대되는 성의 인물을 한 장 더 그리게 하여 남자와 여자 두 사람의 인물을 그리게 하고난 다음, 그려진 인물에 대한 어떤 생각을 가지고 있는지, 인물의 성격이나 배경, 인물의 신분에 대해 질문한다.

이와 같은 짧은 시간에 간단하게 수행된 검사의 자료는 매우 유용하지만, 신중하고 전문적인 지식과 해석이 요구된다. 채점 방식이나 객관적 평가법이 발전되기 어렵기 때문에 검사의 타당도에 대한 비판이 있다.

② 해석

가. 인물의 순서

대부분의 경우 피검사자와 같은 성의 인물이 먼저 그려진다. 간혹 이성 인물이 먼저 그려지는 경우가 있는데, 이 모든 경우에 동성연애자(homosexuality)라고 단정 내리는 것은 위험하지만, 대부분의 동성연애자가 이성을 먼저 그린다. 때로는 성 정체감(gender identity)의 혼돈이나 도착, 때로는 이성 부모에 대한 강한 애착과 의존 또는 이성에 대한 강한 애착과 의존의 표현이기도 하다.

나. 그림의 크기

종이와 크기에 비한 그림의 상대적 크기는 피검사자의 환경과의 관계가 암시된다. 인물의 크기가 작으면 개인은 위축되고 작게 느끼고 있으며, 환경의 요구에 대해 열등감과 부적당감(inadequate feeling)을 느끼는 경우이다. 인물의 크기가 크면 우월한 자아상, 공격적 태도로 환경과의 관계를 맺는 경우라고 볼 수 있다. 인물이 자아상을 나타내지 않고 이상적 자아상 또는 부모상을 반영하기도 한다. 부모상이 투사되는 경우 큰 인물은 강하고 능력 있고 의지할 수 있는 부모상이거나 또는 위협적이고 공격적이고 벌을 내리는 부모상을 반영한다. 이상적 자아상에서 인물의 크기가 크면 열등감을 보상하려는 시도의 표현이다.

다. 그림의 위치

그림의 위치가 종이의 중앙보다 위에 위치하면 불안정한 자아상과 연관이 있고, 종이의 왼편에 위치하면 자아 의식적이며, 내향적 성향(self-consciousness, introversiveness)을 나타내며, 중앙보다 아래의 위치는 보다 안정된 상태 또는 우울감, 패배감을 나타낸다. 적절한 중앙위치는 적응적인 자아중심적 경향과 관계가 있다.

라. 인물의 동작

인물이 매우 활발한 움직임을 보이는 경우는 운동 활동에 대한 강한 충동 또는 불안정하여 안절부절한 상태, 정서장애의 조증 상태(hypomanic state)를 나타낸다. 반대로 자세가 엄격하고 굳어 있어 움직임이 적으면 강박적인 억제의 표현이며, 깊이 억압되고 있는 불안이 내재해 있음을 시사하고 있다. 앉아 있거나 기대고 있는 모습일 때는 활동력이 낮고, 정서적으로 메마른 상태(emotional exhaustion)를 표현해 준다. 매우 드물게 인물이 로봇이나 자동인형과 같은 모습일 때는 정신병적 상태를 시사해 주고 있다.

마. 왜곡이나 생략

신체 부분이 왜곡되어 있거나 생략되어 있을 때 심리적 갈등이 그 부분과 관련이 있음을 나타낸다. 마찬가지로 신체의 부분이 과장되게 강조되어 있거나 흐린 모습으로 나타날 때 심리적 갈등을 시사해 준다.

이제 각 신체 부분들의 상징을 개괄하면 다음과 같다.

머리는 자아개념과 관계가 있다. 따라서 강조되면 매우 공격적이거나 지적인 야심이 있거나 때로는 머리 부분의 신체적 고통과 관련되기도 한다. 머리나 얼굴이 희미하면 강한 수줍음을 나타낸다. 머리가 맨 나중에 그려지는 경우는 대인관계장애가 있음을 시사하며, 신체 부분은 희미한데 머리만 뚜렷할 때 보상적 방어책으로 공상에 의존하는 경우이다.

머리카락은 성적 생동력에 대한 추구를 나타내며 머리카락이 지나치게 강조되면 성적 부적절감(sexual inadequateness)의 표현이기도 하다.

입은 구강적 공격(oral aggression)이나 구강적 고착(oral fixation)을 상징하며 이빨은 구강적 공격성의 한 표현이다.

눈은 보통 의사소통의 수단이 되므로, 만약 눈동자가 생략되었다면 자아중심적, 자아 도취적 경향(ego-centric, narcssistic)으로 해석된다. 눈이 크고 강조되어 있고 응시하는 모습일 때는 대체로 망상(delusion)을 지니고 있는 경우이며, 눈을 감고 있다면 현실 접촉의 회피, 정신병적 상태로의 현실 회피(withdrawal)를 시사해 주고 있다. 흔히 정신분열증 장애자는 눈을 감고 있는 모습의 인물을 그린다.

코는 성기의 상징이며 성적 무력감이 있을 때 코가 흔히 강조되어 그려져 있다.

턱은 힘과 주도권에 대한 사회적 보편적 상징이며, 자아상의 인물에서 턱이 강조되면 강한 욕구, 공격적 경향, 무력감에 대한 보상적 강조와 관계가 있다.

귀는 크기의 모양의 왜곡이 중요하며 망상과 깊은 연관이 있다.

손이 생략되어 있으면 현실 접촉의 어려움, 죄책감을 엿볼 수 있으며 손이 강조되어 있다면 현실 접촉의 불충분함에 대한 보상적 시도이거나 열등감에 대한 보상적 시도로서 조정하는 역할을 하려는 경향을 나타내며, 손이 희미한 경우에도 대인 접촉과 조정 행동(manipulation)에서의 불안을 나타낸다. 팔의 방향이 신체에 가까이 붙어 있을수록 수동적, 방어적이며, 신체에서 외부로 향하여 뻗쳐 있을수록 외부로 향하는 공격적 방향의 표현이다. 때로는 손톱이 자세히 그려져 있는데, 강박적 경향이 있거나 신체상(body image)의 문제가 있는 경우이다. 대체로 주먹을 쥔 손은 억제된 공격적 충동의 상징이다.

팔과 다리에 지나친 관심이 향하거나 다른 부분보다 먼저 그려지면 실망이나 우울과 연관시켜 볼 수 있다.

단추는 의존적, 유아적 열등감을 느끼는 성격에서 흔히 그려지며 주머니 중에 특히 가슴 부분에 붙은 주머니는 애정 결핍과 박탈을 상징하며 유아적이고 의존적인 성격을 드러낸다.

### (2) 지능 검사

지능 검사는 개인 간의 지적 능력의 차이를 측정하기 위하여 시작되었으며, 현재는 개인 간의 차이뿐만 아니라 개인 내의 차이까지도 측정한다. 현재 다양한 지능 검사가 개발되어 사용되고 있는데, 분류하는 방법에 따라 검사의 종류를 나눈다. 검사의 목적에 따라 일반 지능 검사와 특수 지능 검사로, 문항의 형태에 따라 언어 검사와 비언어 검사로, 검사 도구의 형태에 따라 동작 검사와 필답 검사 그리고 검사 방법에 따라 개인 검사와 집단 검사로 나누어진다. 검사의 목적, 검사의 상황, 피험자의 나이, 언어, 환경, 문화 등을 고려하지 않고서는 지능을 정확하게 측정할 수 없다. 따라서 지능을 측정할 때는 여러 가지 상황을 검토한 후 그에 적절한 검사 도구를 선정하여야 한다.

#### ① 스탠포드-비네 지능 검사( Stanford~Binet Intelligence Scale)

**제작년도 : 1916(초판), 1937년(개정판), 1960(3판), 1985년(4판)**

프랑스의 비네(Binet)와 시몽(Simon)에 의해서 1905년 최초로 제작되었는데, 미국 스탠포드 대학교의 터만(Terman) 교수가 이 검사를 미국에서 다시 제작하고 표준화하여 1916년 스탠포드-비네 지능 검사를 탄생시켰다. 이 검사는 그동안 여러 번 수정되다가 현재는 1986년도에 제작된 제4판이 사용되고 있으며, 검사의 대상은 2세부터 18세까지이다. 이 검사는 다른 모든 지능 검사의 기준이 되는 가장 우수한 유아용 개인 지능 검사로 인정받고 있다. 우리나라에서는 1916년도에 제작된 스탠포드-비네 검사를 고대의 전용신 교수가 '고대-비네 검사'로 제작하여 1971년도에 보급하였다. 그러나 스탠포드-비네 검사가 여러 번 수정되었는데도 우리나라에서는 아직 수정판이 제작되지 않았다.

이 검사는 검사를 실시하는 데 소요되는 시간이 길어, 유아에게 지루함을 주며, 연령이 다른 유아끼리의 측정값을 비교하기가 적합하지 않다는 단점을 지니고 있다. 이 검사의 장점으로는 지나치게 언어적이던 검사를 개선하였고, 2단계 검사 방법을 도입하여 시작 수준(entry level) 결정시 나이에 따르지 않고 유아의 수준에 따라 정하도록 하였으며, 연령별로 구성되었던 문항을 내용 영역별로 구성하였다는 점이다. 무엇보다도 최근의 지능 이론인 스턴버그(Sternberg)의 정보 처리 이론과 카텔(Cattell) 및 버논(Vernon)의 위계론에 근거하여 검사를 구성하였다는 점이 가장 큰 장점이다.

검사는 언어와 수 추리로 결정적 지능을 측정하고, 추상과 시각 추리로 유동적 지능을, 그리고 수와 사물의 기억으로 단기 기억 지능을 측정한다. 모두 15개의 하위 검사로 구성된 이 검사에서 다음과 같이 네 가지 주요 영역의 검사 점수가 산출된다.

① 언어 추리 영역－어휘, 이해력, 불합리성, 언어적 관계
② 수 추리 영역－수, 수 계열, 등식 성립
③ 추상·시작 추리 영역－패턴 분석, 복사, 행렬, 종이 접고 오리기
④ 단기 기억 영역－구슬 끼우기, 문장 기억, 수, 기억, 사물 기억

### 2 Wechsler 지능 검사

웩슬러(Wechsler)는 성인용(WAIS-R), 아동용(WISC-R) 개인 지능 검사를 개발하였다. 1942년에 성인용을 최초로 제작한 후 아동용, 유아용을 제작하였고, 계속 수정판을 냄으로써 현재 스탠포드-비네 검사와 함께 신뢰성 있는 검사 도구로 인정받고 있다. 이 검사는 2세부터 성인에 이르기까지 연속성 있게 지능을 측정할 수 있고, 검사 자료가 검사 대상의 연령에 맞게 제작되었다는 장점을 지니므로 실용성 면에서 인정을 받고 있다. 또한 이 검사는 언어 검사와 동작 검사로 구분되어 있어, 언어적 능력과 비언어적 능력에 대한 정보를 별개로 제공해준다. 한 개인에 있어서 언어 검사와 동작 검사의 점수 차가 크면 언어적 장애, 문화적 영향, 개인과의 차에 대한 해석에 도움을 준다는 장점이 있다.

1. Wechsler Preschool-Scale of Intelligence-Revised : WPPSI－R

제작 연도 : 1967년(초판), 1989년(개정판)

2세 11개월부터 7세 3개월의 유아에게 개별적으로 실시하는 검사이다. 아동에게 실시하기에는 검사 소요 시간이 75분 정도로 너무 길다는 점과 개방적 언어 검사와 동작 검사의 채점이 어렵다는 단점이 있다. 검사는 언어 지능, 동작 지능, 일반 지능을 측정하며, 세부적으로는 총 11종의 하위 검사 점수가 산출된다.

① 언어 검사 (5개 하위 검사로 구성됨)－상식, 이해, 유사성, 산수, 어휘

② 동작 검사 (6개 하위 검사로 구성됨)－그림 완성, 토막 짜기, 모양 맞추기, 기호 쓰기, 미로, 도형 복사하기

2. Wechsler Intelligence Scale for Children-Revised : WISC－R

제작 연도 : 1949년(초판), 1974년(개정판)

6세부터 16세까지의 유아에게 개별적으로 실시하는 검사이다. 이 검사는 지체장애아나 영재아와 같은 특수 아동에게 적절한 문항이 적다는 단점을 갖고 있지만 문항 내용이 유아에게 적절하고 문화적 편파성을 어느 정도 배제하였으며, 언어 검사와 동작 검사를 교대로 실시하여 검사의 지루함을 줄게 하였다는 장점을 갖고 있다.

검사는 언어 지능, 동작 지능, 일반 지능을 측정하며 세부적으로는 총 10가지 하위 검사 점수가 산출된다.

① 언어 검사(5개 하위 검사로 구성됨)－상식, 이해, 유사성, 산수, 어휘

② 동작 검사(5개 하위 검사로 구성됨)－그림 완성, 그림 배열, 토막 짜기, 모양 맞추기, 기호 쓰기

### ③ KEDI-WISC 지능 검사(한국교육개발원 Wechsler 지능 검사)

이 검사는 한국교육개발원의 박경숙 외 4인에 의해 1985년도에 제작되었다. WISC－R에 기초하였으며, 우리나라의 문화적 배경에 맞지 않는 문항만 수정하고 가능한 한 원본을 그대로 번역하여 우리나라에서 표준화되었다. 5세부터 15세까지의 유아에게 개별적으로 검사를 실시한다.

이 검사는 학교를 대상으로 표집하였으므로 취학률이 낮은 5~6세 유아의 대표성이 떨어지며, 어린 유아에게 실시하기에는 검사 소요 시간이 60분~80분 정도로 좀 길고, 몇몇 하위 검사의 신뢰도 계수가 낮아 검사 결과의 해석에 신중을 기해야 한다는 단점이 있다. 그러나 표집의 크기가 크고, 표본의 대표성이 우수하며 도시와 농촌 유아를 골고루 표집하여 문화적 편파성을 어느 정도 배제하였으며, 보통 유아뿐만 아니라 특수아나 영재아에게도 사용할 수 있다는 장점을 갖고 있다.

검사는 언어 지능, 동작 지능, 일반 지능을 측정하며, 세부적으로는 모두 12개 하위 검사 점수가 산출된다.

① 언어 검사(6개 하위 검사로 구성됨) – 상식, 이해, 유사성, 산수, 어휘, 숫자 기억

② 동작 검사(6개 하위 검사로 구성됨) – 그림 완성, 그림 배열, 토막 짜기, 모양 맞추기, 기호 쓰기, 미로

### 4) 포트폴리오

#### (1) 포트폴리오의 의의

포트폴리오는 일정 기간 동안 실생활 과제에 대해 여러 양식으로 유아가 학습한 것을 보여주고 기록한다. 이 같은 평가 방법에서 교사는 더욱더 많은 평가 자료를 가지며, 부모는 즉각적으로 이해할 수 있고 유아는 자기-평가를 할 수 있다. 포트폴리오에서 모아진 자료에 기초해서 교사는 교육적 결정을 할 수 있다.

#### (2) 포트폴리오의 구성

유아의 포트폴리오는 일년 동안 유아가 만들어왔던 자료들로 가득 찬 자료철이 되어서는 안 된다. 포트폴리오는 학습 목표에 초점을 두고 조직화되어야 한다. 유아가 다양한 그림책을 읽고 반응할거라는 언어 목표를 교사가 가지고 있

다면 그 파일에는 유아가 읽은 책과 그 읽은 책에 의해 영감 받은 이야기와 예술 작품이 포함될 수 있다.

### (3) 포트폴리오의 조직

아코디언처럼 접혀져서 벌릴 수 있는 파일은 좋은 파일이다. 프로그램 목표에 따라 색깔별로 나뉘어진 개별 표지는 유아의 작품을 집어 넣어 조직할 수 있다. 예를 들어 여러 가지 미술 매체를 탐색하는 것이 프로그램 목표라면 폴더 중 하나에는 물감 그림, 분필 그림, 염색 그리고 진흙, 나무, 종이 등의 조성물 사진이 들어 있을 수 있다. 형태의 세련된 표현 발달을 아는 것이 프로그램의 목표라면 각 단계의 작품 스케치와 최종 작품이 작업철에 있어야 한다.

### (4) 교사의 역할

모든 포트폴리오는 교사, 경영자, 부모 그리고 유아가 이용할 수 있게 내용 목차가 있어야 한다. 교사는 유아로부터 나온 입력 자료를 포함한 내용 목록을 만든 다음 유아가 그 포트폴리오를 유지하고, 내용 목록에 따라 조직하는 책임을 갖게 해야 한다. 포트폴리오에 대한 대화와 평가를 할 때 교사는 유아가 자발적으로 상호작용할 수 있게 질문한다.

포트폴리오 평가 방법의 특징은 다음과 같다(이현섭 외, 1997)

첫째, 포트폴리오는 유아에게 학습하는 방법을 배울 수 있는 기회를 제공한다.

둘째, 포트폴리오는 유아를 위해 행해진 것이 아니라 유아에 의해 수행되어진다.

셋째, 포트폴리오는 기존의 평가와는 다르다.

넷째, 포트폴리오는 유아의 활동을 분명하게 혹은 묵시적으로 전달해 준다.

다섯째, 포트폴리오는 계획된 목적뿐만 아니라, 유아에 관한 다양한 정보 자료원으로서의 기능을 한다.

여섯째, 포트폴리오는 다면적인 목적을 가지고 있다. 즉, 유아의 교수 자료 선택의 사례를 보고 유아의 개인적인 목적과 흥미를 파악할 수 있다.

일곱째, 포트폴리오는 유아의 성장을 설명해 주는 정보를 제공해 준다.

여덟째, 효과적인 포트폴리오를 산출하기 위해 포함된 많은 기능과 기법은 유아가 우연적으로 만들어낸 것이 아니다.

### 5) 사례연구법

사례연구는 어떤 문제를 지속적으로 보이는 유아를 대상으로 하여 관찰과 함께 처치를 통한 변화를 관찰하여 학습 상황에 참고하기 위해서이다. 교사가 개별 유아의 사례연구를 하고 있는 예는 다음과 같다.

교사는 유아의 가족과 이야기함으로써 다음의 사실을 발견했다. 예원이의 부모는 예원이가 읽는 것을 배우기 원하였지만, 이미 예원이는 읽을 수 있는 능력이 있었다. 매일 예원이는 교사의 도움으로 책에 귀를 기울이고 책을 읽었다. 그리고 읽은 것을 토론하였으며 교사는 계속해서 예원이의 반응을 기록했다.

결정적인 돌파구가 된 것은 예원이가 자신의 책을 만들고 싶어할 때였다. 예원이는 동화책 중 같은 소재만을 사용했으나 작업이 계속됨에 따라 예원이의 작은 책은 다른 소재가 첨가되어 점점 독창적인 책이 되었다. 예원이가 작은 책을 완성하여 친구들에게 내놓았을 때 유아들은 박수를 치며 예원이의 성취를 축하해 주었다.

이 같은 활동을 통해 예원이는 중요한 프로젝트를 맡을 수 있었으며 자신감을 얻게 되었을 때, 자신의 일이 단순한 모방 그 이상이 되도록 판에 박힌 사고를 깨뜨렸다. 즉, 창조적 결과물 평가에서의 네 가지 기준을 충족시켰다.

4장

# 유아 생활 지도의 운영

## 1. 유아 생활 지도 계획

### 1) 유아 생활 지도의 준비

#### (1) 교사협의

생활교육 방침을 위한 교사협의

↓

- 상과 벌의 방법과 한계 정해 놓기
- 학급 유아의 특성 파악

생활교육 덕목 선정

↓

- 덕목별 활동 내용 기술
- 생활 장면 분류

생활교육 방침을 위한 교사협의 (Ⅰ)

↓

- 월별, 주제별, 활동 유형별 강조점 계획
- 세부적인 지도 내용 선정
- 덕목별 관련 활동 연구 및 선정

생활교육 방침을 위한 교사협의 (Ⅱ)

- 하루 일과의 유형별 지도 내용 선정
- 활동 선정 및 활동 내용 기술
- 활동의 준비 및 지도 방법 기술
- 덕목 내용의 달성 정도 평가 방법 기술

## (2) 실행

**학급 분위기 조성**

- 물리적 환경 조성
- 시범－비의도적으로 보이는 계획적인 교사의 행동
- 설명－타당한 이유의 설명, 행동의 자세한 설명, 실례의 제시, 비디오, 그림 자료를 보며 설명
- 격려－주시와 관심, 언어적인 인정, 공개적인 자랑, 체계적인 보상 방법
- 방법 모색－유아들과 규칙 정하기, 근본 원인 파악하기, 원인을 해결하기
- 일관성 있는 교사의 반응과 유지의 노력
- 가정과의 연계－가정통신, 부모교육, 상담

**생활교육의 교수 원리**

- 유아의 자율성에 기초하도록 한다.
- 유아들의 협동성을 신장할 수 있도록 한다.
- 실제 활동과 경험을 통한 지도가 되도록 한다.
- 체계적이고 지속적인 지도가 되도록 한다.
- 주기적으로 평가하여 교육 계획과 개인별 지도에 참고한다

**학급 분위기 조성**

- 안정적인 감정 상황 만들기
- 교사와의 신뢰관계 구축
  유아의 말 경청하기, 유아의 감정 인정해 주기, 교사가 한 약속 지키기
- 유아교육기관의 매력 보여주기
  재미있는 활동, 흥미 있는 놀잇감, 안전한 생활
- 소속감 갖게 해주기
  친구 사귀기, 그룹 지어 주기, 친구 이름 알기
- 경쟁을 유도하는 활동보다 협동을 할 수 있는 활동하기
- 친절한 행동 격려해 주기
- 다양한 감정을 느낄 수 있는 활동하기
- 사고와 행동의 실례를 동화, 비디오 등을 통해 보여주기

## 2) 연간 생활 지도의 계획

유아 생활 지도의 계획을 세우기에 앞서 유아가 속한 지역 사회의 특성이나 유아교육기관의 인적 사항 내지 교육 방침 등이 충분히 고려되어야 한다. 왜냐하면 생활 지도의 계획은 그 대상이 되는 유아가 속한 문화권이라든지 유아교육기관 내의 여러 사정에 따라 크게 달라질 수 있기 때문이다.

각 유아교육기관에서는 생활 지도 계획을 세우기에 앞서 다음과 같은 것들이 충분히 고려되어야 한다.

첫째, 유아 생활 지도의 계획은 유아교육기관의 모든 유아가 다 대상이 될 수 있도록 짜여져야 한다. 민주교육의 근본 이념은 '균등한 기회의 부여'에 있다. 균등(均等)하다는 것은 유아 모두가 포함된다는 것을 뜻함과 동시에 그들이 지닌 개인의 차이를 교육의 장에서 충분히 고려한다는 것을 의미한다. 유아교육기관 생활에 잘 적응하는 유아나 잘 적응하지 못하는 유아나 모두가 생활 지도의 대상이 된다는 점이다. 따라서 유아 생활 지도 계획을 세울 때는 유아교육기관의 모든 유아가 포함될 수 있도록 충분히 고려되어야 한다.

둘째, 유아 생활 지도의 목표는 교육 이념의 테두리 안에서 유아와 사회의 필요를 기초로 하여 보다 구체적이고 명쾌한 행동 용어로 진술되어야 한다. 유아교육을 한 마디로 정의 내리자면 피교육자인 유아의 행동을 변화시킨다는 사실이다. 유아 생활 지도에 있어서 그 대상이 되는 유아의 행동을 어떻게 변화시킬 것인가에 대한 목표가 보다 구체적이고 명확한 행동 용어로 진술되어져야 한다. 또한 목표를 행동적인 용어로 진술하기에 앞서 개개 유아의 어떤 면을 도와주어야 하는지와 지역 사회가 유아 생활 지도에서 요구하는 것이 무엇인가를 충분히 고려되어야 한다.

셋째, 유아 생활 지도의 계획은 생활 지도를 담당할 교사의 준비성(readiness)과 각 유아교육기관의 실정에 알맞게 짜여져야 한다. 유아는 아직 성장·발달해 나가는 과정에 있기 때문에 그들을 대상으로 하는 생활 지도의 주도권은 결국 교사가 쥐게 된다. 따라서 유아 생활 지도 계획을 수립하기에 앞서 각 교사들의 인성이라든지 업무 수행 능력 등이 충분히 고려되어 사무 분장이 이뤄져야 한다. 또한 본인이 속한 유아교육기관의 여러 사정을 감안하여 실현 가능한 것들로써 생활 지도 계획이 세워져야 한다.

넷째, 유아 생활 지도는 어느 한 문제 행동의 치료라는 입장에서 보다 사전에 예방한다는 입장에서 계획되어야 한다. 생활 지도는 치료보다는 예방적 활동이어야 한다. "교사 한 사람이 예방할 수 있는 일을 내버려 둠으로써 훗날 100인, 1000인의 경찰관이 감당해 내지 못한다."라는 말은 생활 지도의 중요성을 강조함과 동시에 생활 지도의 근본 목적이 발생한 문제에 대한 치료에 있는 것이 아니라 문제가 발생하지 않게 예방함에 있음을 잘 나타내고 있다.

다섯째, 유아 생활 지도의 계획은 유아교육기관, 지역 사회, 가정생활을 통한 적극적이고도 계속적인 과정이 될 수 있도록 짜여야 한다. 유아 생활 지도는 유아교육기관뿐만이 아니라 유아가 속한 가정이나 지역 사회 모두가 참여하여 상호 협동하는 가운데 이뤄질 수 있도록 그 계획이 세워져야 한다. 유아의 행동은 유아교육기관 내에서 뿐만이 아니라, 그가 속한 가정 내지 지역 사회의 영향을 직·간접적으로 많이 받기 때문이다.

따라서 유아 생활 지도는 유아교육기관, 가정, 지역 사회가 서로 상호 협조하는 가운데 구성원 모두가 적극적으로 참여할 수 있게끔 연계적으로 계획되어야 한다. 또한 행동의 변화를 그 목표로 하는 생활 지도가 올바르게 이뤄지기 위해서는 한번 내지 세 번의 생활 지도 활동만으로는 만족할 만한 결과를 얻어낼 수 없기 때문에 연중 지속적으로 연계가 이뤄질 수 있는 계획적인 과정이 되게끔 그 계획이 수립되어야 한다.

유아 생활 지도에 있어 계획되어져야 할 것들을 앞에서 서술한 유아 생활 지도의 다섯 가지 목표와 관련지어 연간 계획표를 만들어 보면 다음의 표와 같다.

◀ 연간 생활 지도 계획안 예 ▶

| 월 | 생활주제 | 주 | 주 제 | 교육목표 | 기본생활 | 탐구 | 행사 | 환경 및 경제 |
|---|---|---|---|---|---|---|---|---|
| 3월 | ㅇㅇ 유치원으로 가요! | 1주 | ㅇㅇ유치원에 다녀요! | 유치원에서 지켜야 할 규칙을 알고 새로운 환경에 적응할 수 있다. | 바르게 인사할 수 있어요. | 유치원 놀잇감의 사용법 익히기 | • 입학식<br>• 1차 신체검사 | 내 주변을 깨끗하게 정리해요. |
| | | 2주 | 혼자서 할 수 있어요. | | | | | |
| | | 3주 | 우리는 사이좋은 ㅇㅇ반 | | | | | |
| | | 4주 | 우리들이 지켜야 할 약속 | | | | | |
| 4월 | 꽃 피는 봄 | 1주 | 자연에서 찾아보아요. | 봄의 날씨 변화에 따른 생활에 관심을 가지고 관찰해 본다. | 화장실 사용법을 지켜요. | 우리 주변의 새싹들과 꽃봉오리 모양 관찰 | • 봄동산 돌아보기<br>• 어린이대공원 견학<br>• 학부모 상담 | 꽃을 함부로 꺽지 않아요. |
| | | 2주 | 깨어나세요. | | | | | |
| | | 3주 | 봄의 색깔은 | | | | | |
| | | 4주 | 봄으로의 여행 | | | | | |
| 5월 | 달려라, 달려라 지하철! | 1주 | 다양한 교통기관 | 교통기관의 종류와 특징에 대해 관심을 가지고 지하철의 특징에 대해 알아본다. | 수저를 바르게 사용할 수 있어요. | • 교통기관의 종류와 특징<br>• 지하철의 역할 | • 어린이날 행사<br>• 봄소풍<br>• 민속박물관 견학<br>• 수락산 생태체험<br>• 현장스케치 | • 지하철 표 금액 지불하기<br>• 대중교통을 이용해요! |
| | | 2주 | 규칙을 지켜야 해요. | | | | | |
| | | 3주 | 내가 아는 지하철 역 | | | | | |
| | | 4주 | 시끌벅적 지하철 | | | | | |
| | | 5주 | 편리한 지하철, 고마운 지하철 | | | | | |
| 6월 | 서로 사랑해요! | 1주 | 사랑하는 나의 가족 | 가족 구성원을 사랑하는 마음을 가지고 우리 동네에 관심을 가지기 | 내가 사용한 물건은 내가 정리해요. | 우리 동네에 있는 공공기관의 위치와 역할, 마크의 뜻 | • 가족캠프<br>• 동요대회<br>• 6.25 체험학습 | 쓰레기를 함부로 버리지 않아요. |
| | | 2주 | 사랑하는 사이에도 예절이 있어요! | | | | | |
| | | 3주 | 살기 좋은 우리 동네 | | | | | |
| | | 4주 | 고마운 이웃들 | | | | | |
| 7월 | 무더위야 비켜라 | 1주 | 신기한 우리의 몸 탐험 | 위생적인 생활 습관을 길러 더운 여름을 건강하게 생활할 수 있다. | 몸을 깨끗이 씻어요. | 여름 날씨의 특징 | • 튼튼이 대회<br>• 여름방학 | 분리수거, 재활용을 구별할 수 있어요. |
| | | 2주 | 여름날씨는 변덕쟁이 | | | | | |
| | | 3주 | 신나는 여름방학 계획하기! | | | | | |
| 8월 | 자연아, 놀자~~ | 1주 | 여름방학을 마치고 | 주변의 자연을 친근하게 여기고 생물과 식물에 대해 관찰할 수 있다. | 일찍 자고 일찍 일어나요. | 산과 바다의 같은 점과 다른 점 | • 개학식 | 필요한 만큼 물을 받아서 사용해요. |
| | | 2주 | 시원한 바닷가, 공기 좋은 산 | | | | | |
| | | 3주 | 자연 속에서 찾은 보물 | | | | | |

| 월 | 생활주제 | 주 | 주 제 | 교육목표 | 기본생활 | 탐구 | 행사 | 환경 및 경제 |
|---|---|---|---|---|---|---|---|---|
| 9월 | 우리나라 | 1주 | 아름다운 우리나라 그림 | 우리나라 문화에 대해 관심을 가지고 생활문화를 이해할 수 있다. | 물건을 아껴 사용해요. | 우리나라의 보물에 대해서 알아보기 | • 수락산 생태체험<br>• 자연사박물관<br>• 송편 빚기 | 다시 쓸 수 있는 물건을 알아보아요. |
| | | 2주 | 세계가 인정한 우리 문화유산 | | | | | |
| | | 3주 | 음~ 이 맛이야 | | | | | |
| | | 4주 | 한가위만 같아라~ | | | | | |
| 10월 | 낙엽세상 가을 | 1주 | 가을의 변화를 느껴요! | 가을 날씨의 변화를 느끼고 주변의 다양한 색과 모양으로 생각을 표현할 수 있다. | 실내에서 조용히 해요 | 기후와 지형에 따라 다른 낙엽의 모양과 색깔 | • 민속놀이<br>• 가족 생태체험<br>• 가을소풍 | 합성세제를 많이 사용하지 않아요. |
| | | 2주 | 낙엽을 모아서 | | | | | |
| | | 3주 | 모양을 찾아서~ | | | | | |
| | | 4주 | 알록달록 무지개 세상 | | | | | |
| 11월 | 우리를 편리하게 (도구와 기계) | 1주 | 우리가 사용하는 도구와 기계 | 우리들의 일상생활에 필요한 도구와 기계에 대해 알아보며 창의력과 상상력을 통해 발명해 본다. | TV를 오래 시청하지 않아요! | 관찰할 수 있는 도구와 기계 알기 | • 야외스케치<br>• 학부모 상담<br>• 민속박물관 견학<br>• 수락산 생태체험<br>• 현장스케치 | 장바구니를 사용해요. |
| | | 2주 | 도구로 뚝딱뚝딱! | | | | | |
| | | 3주 | 기계와 친해지기 | | | | | |
| | | 4주 | 나는 발명왕! | | | | | |
| 12월 | 하얀 세상 겨울이 왔어요~! | 1주 | 겨울의 날씨는 어때요? | 겨울날씨에 따른 생활 변화를 알아보고 겨울방학을 계획한다. | 옷을 따뜻하게 입어요 | 겨울에 볼 수 있는 것 | • 산타잔치<br>• 겨울방학<br>• 김장 담그기 | 실내에서는 적정 온도를 지켜요. |
| | | 2주 | 겨울을 안전하게 보내요! | | | | | |
| | | 3주 | 행복과 축복의 크리스마스 | | | | | |
| | | 4주 | 겨울 방학을 준비해요! | | | | | |
| 1월 | 겨울 방학을 마치고 | 1주 | 즐거웠던 겨울방학 추억 | 위생적인 생활 습관을 길러 더운 여름을 건강하게 생활할 수 있다. | 약속을 잘 지켜요 | 겨울 날씨의 특징 | • 작은 음악회 | 컴퓨터를 오래 사용하지 않아요. |
| | | 2주 | | | | | | |
| | | 3주 | 신나는 여름방학 계획하기! | | | | | |
| 2월 | 키도, 생각도 이만큼 자랐어요! | 1주 | 달라졌어요. | 일년 동안 몸과 마음이 성장했음을 알고 선생님과 친구의 고마움을 안다. | 선생님께 감사한 마음을 가져요 | 산과 바다의 같은 점과 다른 점 | • 수료식 및 졸업식 | 새뱃돈으로 저금을 할 수 있어요. |
| | | 2주 | 형님이 되기 위해 준비해요 | | | | | |
| | | 3주 | ㅇㅇ반 추억앨범 | | | | | |

이상에서 유아 생활 지도에 있어 계획되어져야 할 것들에 대하여 살펴보았는데, 실제 모든 유아교육기관에서는 이와 같은 계획을 수립할 필요가 없다. 왜냐하면 각 유아교육기관의 상황은 다르기 때문이다. 따라서 각 유아교육기관에서는 위의 사항들을 고려하여 문제점을 최대한으로 해결할 수 있는 생활 지도 계획을 세우며 융통성을 가져야 한다.

### 3) 월간 생활 지도의 계획

유아 생활 지도에 있어 유아교육기관에서 공통적으로 계획되어져야 할 것들을 월별로 간추려 보면 다음과 같다.

♣ 3월

① 새로 입학한 유아들에게 유아교육기관 생활에 관한 전반적인 오리엔테이션을 한다.

② 생활기록부와 유아를 보다 정확하게 이해하기 위한 보조 장부(가정환경 조사서, 유아 개인 조사서 등)를 기록 조사한다.

③ 지능 검사를 실시한다.

④ 유아교육기관 생활의 부적응아를 관찰·선별한다.

⑤ 학부모와의 간담회나 부모교육의 시간을 가진다.

⑥ 초보적인 생활습관을 몸에 익히도록 해준다.

⑦ 간단한 규칙을 알게 하고 자기 또래와 사이좋게 놀게 한다.

유아교육기관에 오면 교사에게 인사한다

⑧ 가정 방문을 실시하여 유아에 대한 보다 구체적인 정보를 수집한다.

⑨ 1학기 중의 생활 지도 계획에 대한 최종 점검을 한다.

♣ 4월

① 인성 검사를 한다.

② 유아교육기관 생활의 부적응아를 계속하여 관찰하고 선별해 나간다.

③ 초보적인 생활습관을 몸에 익히도록 해준다.

④ 집단생활에 필요한 규칙과 약속을 지키도록 지도한다.

♣ 5월

① 교우 측정도(sociogram)를 작성하여 유아교육기관 생활의 부적응아를 선별한다.

② 유아교육기관 생활의 부적응아를 지도한다.

③ 기본적인 생활습관을 익히게 한다.

④ 집단생활에 필요한 규칙과 약속을 지키도록 지도한다.

⑤ 학부모와의 간담회나 부모교육 시간을 가진다.

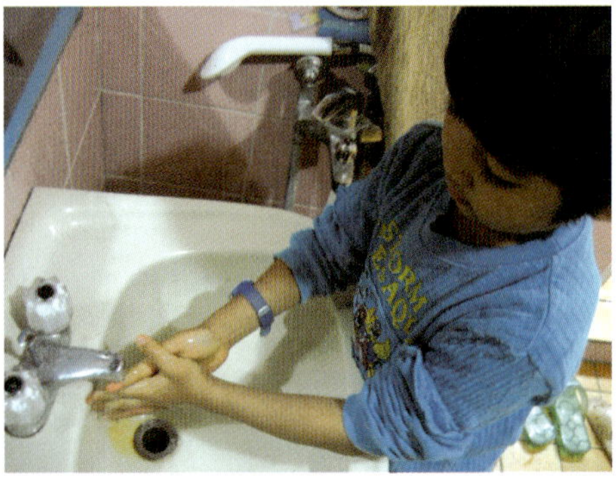

밖에 나갔다 오면 손을 씻는다

♣ 6월

① 신체 검사와 각종 조작 기능 검사를 한다.

② 자기 또래와 협력적인 태도를 가지도록 한다.

③ 유아교육기관 생활의 부적응아를 지도한다.

④ 기본적인 생활습관을 익히게 한다.

♣ 7월

① 여름방학을 맞아 각종 안전 및 건강에 관한 지도를 한다.

② 부적응아의 개별 지도를 심화한다.

③ 1학기 중 유아의 행동 변화에 대한 평가 및 지도상의 문제점에 대한 평가회를 가진다.

④ 학부모와의 간담회나 부모 교육 시간을 가진다.

⑤ 기본적인 생활습관을 익힌다.

♣ 8월

① 가정과의 긴밀한 유대 관계 속에 각종 안전 및 건강에 관한 지도를 한다.

② 여름 캠프를 가진다.

③ 가정과의 협조 아래 기본적인 생활습관을 익힌다.

④ 부적응 증세가 심한 유아에 대하여 방학 중 개별 지도를 심화시킨다.

♣ 9월

① 기본적 생활습관과 예의범절을 몸에 익히도록 지도한다.

② 자기 스스로 적극적으로 모든 일을 처리하게 한다.

③ 자기 또래와 서로 도우며 적극적으로 놀이에 참여하게 한다.

④ 부적응의 증세가 심한 유아에게 개별 지도를 심화한다.

⑤ 2학기 중의 생활 지도 계획에 대한 최종 점검을 한다.

자신의 신발은 스스로 정리한다

### ♣ 10월

① 기본적인 생활습관과 예의범절을 몸에 익히게 한다.
② 부적응의 증세가 심한 유아에게 개별 지도를 심화한다.
③ 자기 스스로 적극적으로 모든 일을 처리하게 한다.
④ 자기 또래와 서로 도우며 적극적으로 놀이에 참여하게 한다.
⑤ 욕구 좌절 검사를 한다.
⑥ 나라 사랑하는 마음을 가지게 한다.

### ♣ 11월

① 기본적인 생활습관과 예의범절을 몸에 익히게 한다.
② 부적은 증세가 심한 유아에게 개별 지도를 심화한다.
③ 자기 스스로 적극적으로 모든 일을 처리하게 한다.
④ 교우 측정도(sociogram)를 작성하여 5월의 것과 비교 분석한다.
⑤ 자기 주변의 여러 가지에 대해 감사하는 마음을 가지게  한다.
⑥ 자기 또래와 서로 도우며 적극적으로 놀이에 참여하게 한다.

### ♣ 12월

① 겨울방학을 맞아 각종 안전 및 건강에 관한 지도를 한다.
② 부적응 증세가 심한 유아에게 개별 지도를 심화한다.
③ 자기가 하는 일에 자신을 가지도록 지도한다.
④ 학부모와의 간담회를 가진다.
⑤ 환경에 반응하며 사물을 처리할 수 있는 능력을 키워준다.
⑥ 불우 이웃에 대한 봉사하는 마음을 가지게 한다.
⑦ 자기 또래와 서로 도우며 적극적으로 놀이에 참여하게 한다.

### ♣ 1월

① 가정과의 긴밀한 유대관계 속에 각종 안전 및 건강에 관한 지도를 한다.
② 겨울 캠프를 가진다.

③ 가정과의 협조 아래 기본적인 생활습관과 예의범절을 몸에 익히게 한다.

④ 부적응 증세가 심한 유아에 대하여 방학 중 개별 지도를 심화한다.

♣ 2월

① 지능 검사를 실시하여 3월의 것과 하위 영역의 변화된 모습을 비교·분석한다.

② 사회 성숙도 검사를 한다.

③ 자주·자율의 생활을 하게 한다.

④ 학부모와의 간담회를 가진다.

⑤ 1년 동안의 생활 지도에 대한 평가회를 가진다.

⑥ 초등학교 생활에 대한 오리엔테이션을 한다.

⑦ 다음 학년도의 생활 지도 계획을 수립한다.

가정에서 엄마와 함께 화초에 물 준다

유아 생활 지도에 임하기 전에 각 유아교육기관에서 공통적으로 꼭 계획되어져야 할 것들을 월별로 간추려 보았는데, 이외에도 생활지도 전문가를 초빙하여 교사와 학부모를 대상으로 특강을 받는다든지 부적응의 정도가 심한 유아를 전문가에게 위탁하여 지도받게 하는 등의 일들이 생활 지도 계획에 포함되어져야 한다.

## 4) 월간 생활 지도 계획

◀ 월간 생활 지도 계획안 예 ▶

<table>
<tr><td colspan="3">생활 주제</td><td>성장과 마무리</td><td>추정 기간</td><td>2012.1.28~2012.2.18</td></tr>
<tr><td colspan="3">주제 선정 의의</td><td colspan="3">유아들이 지난 일 년의 유치원 생활 등</td></tr>
<tr><td colspan="3">목표</td><td colspan="3"></td></tr>
<tr><td rowspan="12">교육 활동</td><td rowspan="5">대소집단활동</td><td>이야기 나누기</td><td colspan="3">동생들이 와요/즐거웠던 우리 반/형님반에 가요/열두띠 이야기</td></tr>
<tr><td>동시·동화·동극</td><td colspan="3">남자아이 설빔(동화)/둘이서 둘이서(동화)/똑같이 한 살씩(동화)<br>순이와 어린 동생(동화)/재미있었던 동극 재공연하기(동극)/열두띠 이야기(동화)/내가 자라요(동시)</td></tr>
<tr><td>신체표현 게임</td><td colspan="3">뜀틀(게임)/윷놀이(게임)/친구찾기(게임)/함께 춤을 추어요(신체표현)</td></tr>
<tr><td>새 노래 음률</td><td colspan="3">설날(새 노래)/형님반에 간다네(새 노래)/친구와 헤어질때(새 노래)</td></tr>
<tr><td>기타</td><td colspan="3">형님 반 견학/종업일</td></tr>
<tr><td rowspan="7">자유선택활동</td><td>쌓기, 역할</td><td colspan="3">친구 키 만큼 블록 쌓기(쌓기)/우리 반 구성하기(쌓기)/유치원놀이(역할)</td></tr>
<tr><td>언어</td><td colspan="3">내이름 꾸미기/손가락 인형으로 인사하기/사진을 보며 이야기 나누기</td></tr>
<tr><td>수·과학</td><td colspan="3">겨울눈/겨울식물 관찰/복주머니 관찰/추억 그래프</td></tr>
<tr><td>조작</td><td colspan="3">숫자 6 구슬 꿰기/동물 윷놀이 게임/얼마큼 자랐을까?/6을 찾아라!</td></tr>
<tr><td>조형</td><td colspan="3">형님반 꾸미기/설날에는 무엇을 했을까?/액자 꾸미기(끈 묶기)</td></tr>
<tr><td>음률</td><td colspan="3">'스케이트' 왈츠 감상하기/탬버린 연주하기/캐스터네츠 연주하기/트라이앵글 연주하기</td></tr>
<tr><td>환경 구성</td><td colspan="3">추억 그래프 만들어 전시하기/추억사진 액자 구성 후 벽면 전시하기/복주머니 만들어 벽면에 전시하기</td></tr>
</table>

## 5) 주간 생활 지도 계획

| | | | | | | |
|---|---|---|---|---|---|---|
| 생활주제 | | 즐거운 유치원 | | 시기 | 2012. 3. 19~2012. 3.23 | |
| 주제 | | 안전한 생활 | | | | |
| 목표 | | • 즐겁고 안전한 유치원 생활을 하기 위해서는 지켜야 할 약속이 있음을 안다.<br>• 장소에 따라 달라지는 안전 약속에 관심을 가지고 실천하는 태도를 기른다. | | | | |
| 날짜(요일) | | 3월 19일(월) | 3월 20일(화) | 3월 21일(수) | 3월 22일(목) | 3월 23일(금) |
| 소주제 | | 안전한 유치원 생활 알아보기 | 교실에서의 안전 약속 정하기 | 화장실에서의 안전 약속 정하기 | 유아교육기관 버스에서의안전약속정하기 | 계단에서의 안전 약속 정하기 |
| 자유선택활동 | 쌓기 영역 | 다양한 블록으로 유치원 교실 꾸미기 | | | | |
| | 역할 영역 | 손 씻기 놀이하기 | | | | |
| | 언어 영역 | 약속 카드 만들기 | | | | |
| | 수조작 영역 | 화장실 사용법 순서대로 놓기 | | | 계단 올라가기 게임 | |
| | 과학 영역 | 뚜껑이 필요해요 | | | | |
| | 조형 영역 | 주말 지낸 이야기 그리기(연필 그림) | | | 약속대로 소리악기 만들기 | |
| | 음률 영역 | 에그셰이크 탐색 | | 약속을 지켜 에그셰이크 연주하기 | | |
| 실내·외 놀이 영역 | | 유희실 놀이 : 친구 초대하기 | 모래 놀이 : 기차 놀이하기 | 옥상 놀이 : 줄 따라 걷기 | | 모래 놀이 : 미끄럼틀 타기 |
| 대·소집단활동 | 이야기 나누기 | | 교실에서 지켜야 하는 약속 | | 유아교육기관 버스에서 지켜야 하는 약속 | |
| | 동시,동화, 동극 | 줄을 섭시다(동화) | | 욕심꾸러기 잭(동화) | | |
| | 새 노래 음률활동 | | | | | 약속(새 노래) |
| | 게임 신체표현 | | | | 버스안전 ○× 게임 | |
| | 행사 및 기타 | 안전교육 : 안전한 유아교육기관 생활 | | | | |
| 안전교육 | | 가위나 연필을 들고 휘두르지 않아요. | | | | |
| 생활습관 | | 화장실에 다녀오면 반드시 손을 씻어요. | | | | |
| 귀가 지도 | | 손톱이 긴 유아는 정리하고 와요. | 교실에서는 작은 소리로 말해요. | 화장실에서는 줄을 서서 차례대로 들어가요. | 유아교육기관 버스에서는 안전벨트를 착용해요. | 주간 교육 계획안은 부모님께 드리기 |
| 가정과의 연계 | | * 안녕하세요. ○○반 교사 ○○○입니다.<br>○○반 친구들과 지낸지 벌써 2주가 지났습니다. 처음에는 어색해 하던 친구들이 이제는 서로를 챙기면서 반갑게 인사하는 모습을 보니 마음이 뿌듯해지는 요즘입니다. 그러나 아직도 이름을 서로 모르는 유아들도 있사오니 가능한 3월 한 달 동안은 유아가 이름표를 가지고 등원할 수 있도록 협조 부탁드리겠습니다. 이번주에는 '안전한 생활'이라는 주제로 활동하려고 합니다. 가정에서도 유아교육기관의 안전에 관심을 가질 수 있도록 이야기 나누어 주시기 바랍니다.<br>* 가정에서 사용하지 않는 가방이나 스카프, 플라스틱 화장품 통 등을 보내주세요. ○○반 역할 영역에 두고 사용하겠습니다. | | | | |

### 6) 일일 생활 지도의 계획

◀ 일일 생활 지도 계획안 예 ▶

<table>
<tr><th>소주제</th><th colspan="2">올바른 인사 예절</th></tr>
<tr><td>일일시간표</td><td colspan="2">~ 9:30 등원<br>~ 10:20 놀이 계획 및 자유 선택 활동<br>10:20 ~ 10:40 영역 정리 및 오전 간식<br>10:40 ~ 11:00 이야기 나누기 〈인사를 잘해요〉<br>11:00 ~ 11:30 신체표현활동 〈어떻게 인사를 할까요?〉<br>11:30 ~ 12:10 미술 활동 〈내가 만든 손가락 인형〉<br>11:50 ~ 1:00 점심 시간<br>1:00 ~ 1:30 음률 활동 〈새 노래-인사합시다〉<br>1:30 ~ 1:50 동화 듣기, 정리 및 평가<br>~ 2:00 귀가</td></tr>
<tr><th>시간/활동명</th><th>내 용</th><th>준 비 물</th></tr>
<tr><td>~9:30<br>등원</td><td>• 교사와 반갑게 인사를 나눈다.<br>• 가방과 겉옷을 사물함에 정리하고 출석 카드에 날짜 도장을 찍고 바구니에 담는다.</td><td>도장, 스탬프,<br>바구니</td></tr>
<tr><td>~10:20<br>놀이 계획 및 자유<br>선택 활동</td><td>* 활동명 : 유아교육기관 가는 길<br>* 목표 : 규칙을 지켜 게임을 한다.<br>* 내용 :<br>• 말을 하나씩 나누어 갖는다.<br>• 주사위를 굴려 인사하는 그림이 나오면 앞으로 한 칸씩 말을 옮긴다.<br>• 집에서 출발하여 유치원에 먼저 도착하는 유아가 이긴다.</td><td>게임판, 말</td></tr>
<tr><td>10:20~10:40<br>영역 정리 및<br>오전 간식</td><td>• 영역별로 사용한 교구와 자료 등을 제자리에 정리한다.<br>• 화장실을 다녀오고 손을 씻는다.<br>• 오전 간식을 받고 기도 후 맛있게 먹는다.<br>• 다 먹은 접시와 포크는 정리한다.</td><td>교구장, 바구니,<br>물통, 컵</td></tr>
<tr><td>10:40~11:00<br>이야기 나누기</td><td>* 활동명 : 인사를 잘 해요.<br>* 목표 : 인사할 때의 자세와 가져야 할 마음가짐을 알아본다.<br>* 방법 :<br>• 아침 인사를 한 경험 이야기하여 본다.<br>• 여러 가지 경우의 인사를 알아보고 이야기하여 본다.<br>-유아교육기관 가는 길에서의 인사 방법, 유아교육기관에서의 인사 방법<br>• 여러 가지 경우에 따른 바른 인사 방법을 알아본다.<br>-집을 나설 때<br>-거리에서 이웃 어른을 만났을 때<br>-교통 경찰관 아저씨를 만났을 때<br>• 바른 인사 방법에 맞춰 실제로 인사를 해 본다.</td><td></td></tr>
</table>

| 시간/활동명 | 내 용 | 준 비 물 |
|---|---|---|
| 11:00~11:30<br>신체표현활동 | * 활 동 명 : 어떻게 인사를 할까요?<br>* 목 표 : 여러 가지 인사하는 방법을 알 수 있다.<br>* 활동 방법<br>• 여러 가지 인사하는 모습을 나타낸 그림이나 사진을 보면서 인사하기에 대하여 이야기한다.<br>• 여러 가지 인사하는 방법을 실제로 해본다.<br>–손으로 하는 인사<br>–머리를 숙여서 하는 인사<br>–악수로 하는 인사<br>–껴안는 인사<br>–큰 절로 하는 인사<br>• 인사하는 것에 관련된 음악이라고 말해 주고 음악을 2번 정도 들려준다.<br>• 음악에 맞춰 여러 가지 방법으로 인사하는 모습을 표현해 본다. | 음악테이프(인사),<br>여러 가지<br>인사하는 모습을<br>나타낸 그림이나<br>사진 |
| 11:30~12:10<br>미술활동 | * 활 동 명 : 내가 만든 손가락 인형<br>* 목 표 : 눈과 손의 협응력을 기른다.<br>* 활동 내용 :<br>• 재미있게 인사 놀이를 할 수 있는 방법에 대해 이야기 나눈다.<br>• 준비된 재료로 손가락 인형 만드는 방법을 이야기한다.<br>• 손가락 인형을 만든 후 손가락 인형을 이용하여 인사놀이를 해 보고 친구들에게 보여 주며 평가한다. | 손가락 모양으로<br>자른 장갑,<br>인형눈알,<br>부직포, 접착제,<br>곡식 |
| 12:10~1:00<br>점심 시간 | • 자리를 정리하고 손을 씻는다.<br>• 도우미들은 수저를 나누어 주고 남은 친구들은 점심을 받는다.<br>• 감사기도 후 점심을 먹고 식판을 정리한다.<br>• 양치질을 한다. | |
| 1:00~1:30<br>음률활동 | * 활 동 명 : 새 노래 (인사합시다)<br>* 목 표 : 선생님과 반 친구들에게 반갑게 인사할 수 있다.<br>* 활동 방법 :<br>• 노랫말을 읽어주고 어떤 단어가 나왔는지 이야기한다.<br>• 교사가 피아노 음을 쳐주면 유아는 한 가지 소리로 부르며 음정을 익힌다.<br>• 정확하게 노래를 들려준다.<br>• 다같이 노래를 불러본다. | 노래 악보 |
| 1;30~1:50<br>정리 및 평가 | • 출석 카드를 가방에 정리하고 겉옷을 입는다.<br>• 오늘의 활동에 대해 이야기 나눈다.<br>• 교사와 친구들과 인사를 나눈다. | |
| 2:00 | • 귀가 지도 | |

## 2. 교수활동의 계획

### 1) 활동 계획

유아 생활 지도 계획은 생활 지도의 목표와 내용을 중심으로 유아교육기관의 교육 과정에 합당하도록 수록되어야 한다. 또한 유아의 심신의 발달 상태나 유아교육기관의 상황, 지역 사회의 실태 등을 감안하여 구체적인 경험과 활동이 조직되어야 한다. 유아 생활 지도 활동을 계획할 때 교사는 토의자, 지도 격려 및 평가자, 공동 조사자, 도덕 및 가치 제공자로서의 역할을 담당한다. 교사는 목표를 결정하고 목표를 달성하기 위한 주제를 결정해야 하며, 주제에 알맞은 내용과 학습 방법을 결정해야 한다. 즉, 어떤 기술과 태도와 개념을 어떻게 전개하여 가르칠 것인가를 결정해야 한다. 유아가 흥미 있게 효과적으로 학습하기 위해서는 내용과 방법에 알맞은 활동과 자료가 수집되어야 하며 끝으로 목표의 성취 정도를 알아보는 평가 방법도 계획되어야 한다.

#### (1) 목표 설정

유아 생활 지도 활동 계획이란 생활 지도의 목표를 기준으로 하여 결정된 활동 내용을 언제, 어떤 방법으로 지도할 것이라는 학습 활동의 사전 준비를 말한다. 따라서 유아 생활 지도 계획은 교육 목적에의 타당성, 지도 방법의 합리성, 여러 활동들 간의 관련성, 실제 적용 과정에서의 융통성과 창의성을 지녀야 한다.

유아 생활 지도의 목표 설정 시 유의할 점은 첫째, 목표는 교사가 아니라 유아가 무엇을 해야 하는지를 서술할 수 있도록 구성되어야 한다. 예를 들면 '식사 습관' 지도에서 '식사 예절을 알고 지킬 수 있다.'는 점은 유아가 성취해야 할 목표이다. 둘째, 어떤 주제를 다룰 때 주제와 관련된 내용을 포함시키되 내용을 강조하기보다는 그 내용을 통해서 행동하기를 기대하는 점에 초점을 맞추어야 한다. 따라서 유아 생활 지도의 목표는 단기에 성취할 수 있는 지적인 요소와 장기적으로 성취하게 되는 정의적인 요소, 활동 수행과 관련된 요소를 분류할 수 있다.

### (2) 주제와 내용 선정

유아 생활 지도를 위해 선정된 주제와 내용은 가정과 유아교육기관, 사회 등에서 유아 자신이 경험하고 있는 생활 경험을 반영해야 하며 유아의 흥미나 호기심을 충족시킬 수 있어야 한다.

주제와 내용을 선정할 때 유의할 점은, 첫째, 선정한 주제와 내용이 생활 지도의 목표를 달성하는 데 도움이 되는 것이어야 하며, 둘째, 가능하면 주제와 주제, 주제와 내용, 내용과 내용이 연결되어야 한다. 내용은 주제 안에서 조직되며, 설정된 목표와 연결되어야 하고 각 목표는 교육의 일반적인 방향과 장기적인 계획인 교육 목적과 연결되어야 한다. 활동 내용은 유아가 이해하기 쉽도록 친숙한 것에서 생소한 것으로, 발생 순서에 따라 간단한 것에서 복잡한 것으로, 구체적인 것에서 추상적인 것으로 순서화해야 한다.

주제와 내용을 선정할 때는 교사들은 구조화된 형태를 고집하기보다는 융통성 있게 다양한 형태를 포함해야 한다. 비형식적이고 유동적이며 다양한 내용을 통해서 유아의 흥미를 지속시킬 수 있으며 유아가 활동의 구성 및 계획에 참여할 수 있다. 교사와 유아가 함께 활동을 구성하면 유아의 자유로운 참여와 사고의 기회를 넓힐 수 있다.

사용한 교구들은 유아 스스로 정리하도록 한다

### (3) 활동 형태와 자료 선정

유아 생활 지도는 다양하게 전개될 수가 있겠지만 우선 유아교육기관 내에서의 지도와 가정과의 연계를 통한 지도 또는 일상생활을 통한 지도와 계획된 교수활동을 통한 생활 지도로 나누어 볼 수 있다. 일상생활을 통한 생활 지도 중 유아교육기관 일과 운영을 통한 생활 지도는 자유 선택 활동, 정리·정돈 시간, 간식 시간, 점심 시간, 바깥놀이 등 매일 되풀이되는 유아교육기관 일과 중에 포함된 여러 가지 생활습관을 지도하는 것이다. 가정과의 연계를 통한 생활 지도란 부모교육, 가정통신문, 부모 면담, 관찰기록표 작성 등을 통해 유아교육기관에서 지도하는 내용과 결과를 부모들에게 알리고 가정생활에 필요한 생활습관을 부모가 지도할 수 있도록 유기적인 관계를 가져야 한다.

계획된 교수활동을 통한 생활 지도의 형태에는 이야기 나누기, 동화 및 동시를 이용한 활동, 게임, 음률, 극화 활동, 소집단으로 토의하기, 자원 인사 초빙하기, 견학하기 등이 있다.

생활 지도 활동을 효과적으로 하기 위해서 교사가 고려해야 할 점은 다음과 같다. 첫째, 활동의 형태에 따라 유아 집단의 크기 – 대·소집단 또는 개인별 활동 등 – 를 결정한다. 둘째, 생활 지도를 위한 환경을 어떻게 구성할 것인지를 결정한다. 셋째, 활동의 전개 형태를 결정한다. 교사 중심인지, 유아 중심인지, 유아들은 바닥에 원의 형태로 앉을지, 책상을 중심으로 앉을지 등을 계획해야 한다.

OHP동화를 듣고 있는 모습

자료의 선정은 현재 있는 자료에서 필요한 것을 선택하고 부족한 자료를 수집하도록 한다. 교사와 유아가 활용할 수 있는 자료로서 읽고 보는 자료(그림책, 잡지, 사진첩, 스크랩 북 등), 시청각 자료(필름, 환등기, 그림카드, 구체물 등), 견학(지역 사회의 기관), 인적 자원(관련 인사, 전문가 초빙) 등을 들 수 있다.

### 2) 활동 계획안과 활동의 전개

생활 지도 활동 계획안은 생활 지도 목표를 달성하기 위한 최종적이며 가장 실천적인 계획이다. 유아들이 목표를 가장 효과적으로 달성할 수 있는 경험이나 활동을 일상생활의 흐름 가운데서 적절한 시간을 정해서 배열해야 한다. 특히 기본 생활습관은 생득적인 행동인 반사 행동과는 달라, 출생 후 환경에 의해서 후천적으로 동일한 행동을 반복함으로써 형성된다. 습관은 일정한 행동이 반복되었을 때 주위 환경에 적응해 가면서 형성되는 패턴을 의미한다. 유아기에 이루어져야 할 기본 생활습관에는 건강습관에 관련된 식습관, 수면습관, 배변습관, 청결 및 위생 습관, 장래의 사회적 생활에 기초가 되는 예절, 절제, 질서, 규칙 등을 포함한다. 또한 좋은 습관을 길러 주기 위해서는 반복 연습의 기회와 바람직한 행동을 강화해 줄 때 더욱 효과적이다.

활동 계획안을 작성할 때는 다음과 같은 점에 유의하여야 한다.

① 유아가 적절한 경험 활동을 할 수 있도록 작성하여 흥미를 유지시킨다.
② 지도 목표를 정확히 구체적으로 정리하여 반성 및 평가가 용이하도록 한다.
③ 너무 많은 내용이나 지나치게 허용적인 활동에만 치우치지 않게 한다.
④ 경험 및 활동 선택에 있어서 개인차를 고려할 수 있어야 한다.

## 3. 바람직한 교사

### 1) 교사의 자세

교사와 유아 사이의 관계는 단순히 가르치고 배우는 차원을 넘어서 인간 대 인간의 관계가 되어야 하며, 나아가 '가르치는 자'와 '배우는 자'라는 역할 대 역할의 관계보다는 인간적 친밀감과 유대감을 느낄 수 있는 관계로까지 발전되어야 한다.

유아와의 인간적 유대를 두텁게 하기 위해서는 유아와 교사가 각자의 기본적인 인간 속성을 이해하여야 한다. 그러나 대개의 교사들은 유아들의 그러한 기본 속성을 받아들이려 하지 않을 때가 많다. 유아에게 인간적 솔직함보다도 유아로서의, 배우는 사람으로서의 역할을 지나치게 강조할 때가 많다는 것이다. 유아의 행동과 성취를 평가하면서 그것에 대한 유아의 느낌, 특히 부정적 평가에 대한 좌절이나 분노를 고려하지 않을 때도 있다. 유아의 자율적, 자기 방어적 욕구는 무시하고 규율과 규범을 앞세우거나 또는 자율과 반항을 금기시하고 복종과 순응을 주입시키기도 한다.

이와 같이 인간의 기본적 속성을 억압시키는 것은 유아의 솔직한 자기표현을 방해한다. 즉, 유아는 진정한 자기의 감정이나 주관적 생각보다는 교사와 부모가 원하는 것을 거짓으로 표현하는 데 익숙해지며, 점점 자기 억압적인 경향을 띠고 자기의 개성을 자기 스스로조차 솔직히 인정하기 어렵게 된다는 것이다. 이렇게 되면 자연히 유아와 교사와의 관계는 표피적인 수준에서 머물게 되고 유아는 어디까지나 배우는 자로서의 역할만을 수행하게 된다.

이런 점들을 생각해 볼 때 교사와 유아의 인간적 관계 형성은 다음과 같은 '방향'으로 취해져야 한다.

#### 첫째, 교사와 유아가 서로 간에 개방성과 솔직함을 보이도록 노력한다

개방성과 솔직함이란, 역할이라는 굴레에서 해방되어 각자 자기의 감정, 욕구, 생각을 자유롭게 표현하는 상태를 말한다. 유아의 표현에 대하여 진정한 관심을 갖고 귀를 기울임과 동시에 교사 자신도 자기의 기쁨, 분노, 실망, 희망, 만족, 불만 등을 유아에게 있는 그대로 표현할 수 있는 상태이다.

#### 둘째, 교사와 유아는 서로 의존적인 관계임을 이해하는 것이다

즉, 교사와 유아는 서로 도움을 주고받는 관계라는 사실을 이해하여야 한다.

우리는 일반적으로 교사는 돕는 사람, 유아는 도움받는 사람이라는 관념을 갖기 쉽지만, 반드시 그렇지는 않다. 여컨대 교사가 피로할 때 유아들이 좀 더 조용히 해 주는 것은 유아가 교사를 돕는 행위이다.

셋째, 개인의 특수성과 고유성을 인정해야만 한다

즉, 각자의 개성, 욕구, 희망이 존중되어야 한다는 것이다. 사람은 누구나 독특한 면을 갖고 있다. 원복이 아닌 다른 옷을 입고 싶어하는 유아가 있을 수 있고, 낮잠 시간에 자기 싫어하는 유아도 있을 수 있다. "다른 사람은 모두 이렇게 하는데 왜 너만 다르게 행동하니."라는 말은 개인의 특수성을 인정하지 않는 태도에서 나오는 말이다.

넷째, 교사와 유아는 서로의 욕구를 상호 존중해야만 바람직한 관계를 가질 수 있다

서로의 욕구를 존중한다는 것은 교사의 욕구와 유아의 욕구가 서로 상반되는 경우라 하더라도 가능한 각자의 욕구를 최대한 만족시킬 수 있도록 노력한다는 것이다. 우리는 보통 두 사람의 욕구가 서로 상반될 때 어느 한 사람의 욕구만 만족되고 다른 사람의 욕구는 좌절되는 경우를 자주 경험한다. 예컨대 교사는 너무나 피로하여 수업 시간 이후에 유아들과 놀이를 할 수 없는 데도 유아들은 선생님도 함께 놀이를 하자고 조르는 상황이 바로 그런 결과를 낳기 쉬운 경우이다.

이와 같은 서로의 욕구와 희망이 상반될 때라도 우리는 어느 한쪽만의 만족이 아닌 둘 모두의 만족을 위해서 서로를 존중하여야 한다(장선철, 1995).

## 2) 교사의 역할

정서적 문제나 사회적 문제와 같은 인성적 적응의 문제를 해결하도록 도와주는 교사는 앞에서 설명한 원리를 따라야 한다는 것은 더 말할 나위도 없다. 그러기 위해서 교사로서 지녀야 할 역할에 대하여 바르게 인식하는 것이 필요하다. 부적응 행동을 담당하는 교사는 교과 학습을 지도하는 일과는 달리 유아들의 정

신 건강을 촉진하는 역할을 맡지 않으면 안 된다. 이러한 관점에서 교사가 지녀야 할 몇 가지 역할에 대하여 요약해 보면 다음과 같다.

### (1) 지지적 역할

행동을 제한하고 통제하고 강요하는 역할보다는 적극적으로 실천하고 시도하고, 솔선해 보이는 지지·격려하는 역할을 담당해야 한다. 열등감, 불안전감, 죄악감 모두가 무엇을 하기에 겁을 먹고 불안해 하며 의욕을 잃는 상태이다. 그러므로 교사는 이와 반대되는 역할을 취하는 것이 지지적 역할이다.

### (2) 수용적 역할

지지적 역할과 마찬가지로 대상 유아를 받아들이고 따뜻하게 대하여 주는 역할이다. 거부하고 책망하는 입장보다 상대의 감정을 이해하고 받아들이는 입장에 서는 것이다.

### (3) 치료적 역할

문제를 분석하고 진단하여 그 원인을 발견하고, 지도 방법을 모색하는 일에 힘쓰는 역할을 한다. 교사는 원인을 따지기에 앞서 그러한 결과만을 방지하려는 데 힘쓰는 경향이 있다. 다시 말하면 저지른 잘못에만 주목할 뿐 그 원인이 무엇인가에 대해서 고려하지 않으려는 경향이 있다. 이것은 치료자의 역할이 아니다. 치료자는 원인을 진단하여 장기적인 임상 지도에 임하는 역할을 수행해야 하는 것이다.

### (4) 긍정적 역할

대상 유아의 문제 행동에 대하여 부정적으로 대할 것이 아니라 하나의 인간으로서 성장·발달할 수 있는 존재로 보아야 한다. 긍정적으로 대한다는 것은 앞에서 지적한 세 역할을 종합한 것과 같다. 인간은 누구나 자기를 개선하고 성장하려는 특성을 지니고 있으므로 그의 발달과 성장의 가능성을 긍정하고 발전적인 입장에서 대하는 역할을 수행해야 한다.

## 4. 지도 방법

### 1) 유아교육기관에서의 지도

#### (1) 일과 운영을 통한 지도

유아교육기관의 일과를 운영하는 동안에 이루어지는 모든 활동에서 생활 지도를 할 수 있다. 등하원 시간, 간식 시간, 정리·정돈하는 시간, 실외놀이 등 계획된 수업 시간이 아닌 일상적인 일과 활동 중에서 기본 생활습관의 생활 지도가 이루어질 수 있다. 일과 운영을 통한 생활 지도는 유아들이 학습 활동을 통해서 배운 기본적인 개념이나 기술을 생활화함으로써 내면화하는 데에 도움을 준다.

바르게 앉아서 급식 먹을 준비를 하는 유아들

#### (2) 환경 구성

유아를 위한 교육 환경 속에 생활습관 지도에 필요한 여러 가지 요소를 구성함으로써 생활 지도가 이루어질 수 있다. 예를 들어 간식 그릇을 정리하는 장소를 정해 놓고 정리하는 방법을 예시해 주기, 복도나 계단을 오르내릴 때 도움을 주기 위한 표시, 환경판의 구성을 통한 지도, 놀이 시설에서의 질서 지키기에 도움이 되는 환경 조성 등 유아 생활 지도에 필요한 그림, 사진, 설명 등의 환경을 구성한다.

장소에 맞는 약속을 정해서 환경 구성하기

### (3) 자유 선택 활동

자유 선택 활동 시간에 유아들이 선택할 수 있는 여러 가지 활동안에 생활 지도와 관련된 활동을 준비함으로써 유아들은 조작놀이, 게임 등 여러 가지 교구 작업 활동을 통해서 생활 지도와 관련된 개념을 습득할 수 있게 된다.

안전하게 퍼즐을 친구와 함께 활동하는 모습

### (4) 이야기 나누기

유아와 교사가 함께, 일과를 계획하거나 경험을 이야기함으로써 자기가 해야 할 일을 약속하고 함께 지켜야 할 규칙을 만들게 된다. 각자의 생활에서 불편한 것이 무엇인가를 이야기함으로써 확인하게 된다(문제의 발견). 그리하여 함께 만든 규칙을 지키며 남을 불쾌하게 하는 행동을 서로 통제하고자 하는 동기가 유발되어 자기 조절이 가능해진다.

이야기 나누기 하는 모습

### (5) 토의하기

토의는 유아들에게 기본 생활습관을 형성시키는 데 매우 중요한 교수 전략이 될 수 있다. 기본 생활습관의 형성은 지식을 주입시키거나 교육함으로써 이루어지는 것이 아니라, 그 생활을 유아들이 마음으로부터 동의하고 이를 지키려고 애쓰는 과정에서 이루어진다. 따라서 형식적인 교육 방법보다 유아 스스로 토의하고 협의하는 방법이 더 효율적이다.

갈등 상황이나 문제 상황이 있을 때 교사가 문제나 갈등의 해결자로서 개입하는 것은 타율적인 학습이 되기 쉽다. 유아를 소집단으로 모아 문제 상황이나 갈등 상황에 대한 각자의 의견을 차례대로 이야기하도록 한다. 많은 사람이 각기 다른 생각과 느낌을 가질 수 있다는 것을 발견하게 하고 문제 해결을 위해 생각을 좁혀 나가는 과정에 있어서 남의 말을 듣고 양보하여 해결 방안을 제안하고 뜻을 모으는 경험으로 유도한다.

### (6) 극화 활동

기본적인 생활습관의 덕목과 관련하여 바람직한 행동과 바람직하지 못한 행동이 나타나는 구체적인 상황을 이야기로 꾸며 유아들에게 들려주고, 그 장면을 극화함으로써 그 장면을 관람한 유아들이 함께 느낌을 표현할 기회를 갖는다. 바람직하지 못한 행동에 대한 비판적인 사고를 갖는 한편 바람직한 장면은 좋은 시범이 될 수 있다.

친구들과 함께 극화놀이를 하는 모습

### (7) 동화·동시 감상하기

예절 지키기, 청결하게 하기, 질서 지키기, 절제하기 등의 덕목을 발견할 수 있는 동화나 동시를 들려주고, 또 표현해 보게 함으로써 기본 생활습관의 가치를 발견하고 실천하고자 하는 동기를 유발하게 한다. 동화의 아름다운 장면이 그림으로 제시되면 동화 내용을 연상하는 데 도움이 된다. 동시는 손 유희 활동과 함께 하면 쉽게 외워진다.

### (8) 자원 인사 초빙

생활습관과 관련된 이야기나 경험을 들려 줄 수 있는 사람을 초대하여 유아들과 함께 할 수 있는 시간을 가진다. 예를 들어 초등학교에서의 생활에 적응하도록 하기 위한 준비로 초등학교 선생님을 초빙하거나, 예절 지도에 관한 전문가 등을 통해 유아들이 이야기를 듣고 의견을 함께 나눌 수 있는 시간을 가지는 것은 유아들에게 색다른 경험으로서 자신의 생활습관을 돌아보거나 올바른 생활 태도에 대한 인식을 새롭게 할 수 있다.

전문가를 초빙하여 생활 지도에 관한 이야기를 듣고 있다

### (9) 게임과 음률 활동

게임과 음률 활동은 생활습관에 대한 개념을 이해하게 하고 기술을 습득시킨다. 게임은 규칙에 대한 인식을 발전시킨다. 약속이나 규칙에 의해서 즐거운 놀이가 진행되는 것을 알게 되고 문제나 갈등을 해결하기 위해서는 합의된 규범으로 바꿀 수 있다는 규범의 상대적 가치를 알게 된다. 음률 활동은 단조롭고 싫증나기 쉬운 기본 덕목의 내용을 음률 활동으로 익혀 나감으로써 즐거운 학습 활동이 될 수 있다.

음률 활동을 통해 생활습관의 개념을 인식한다

### (10) 견학

기본 생활습관의 덕목을 학습하는 데 자극이 되는 장면을 직접 볼 수 있는 장소를 견학한다. 견학은 계획을 수립해서 끝내는 전 과정까지, 교사는 생활습관 덕목의 개념을 지도할 수 있다. 허가를 요청하는 방법, 방문할 때의 예의, 공공시설에서의 자기 조절 행동, 설명 듣기, 질문하기, 관찰한 내용 발표하고 토론하기, 바르게 말하기, 공공기관에 대하여 감사하기 등이 그것이다. 특별히 교통질서, 물자 절약, 공공시설 바르게 사용하기 등은 견학을 통해서 학습이 가능하다.

교통공원을 견학 가서 직접 길 건너기 체험을 하고 있다

### (11) 프로젝트 활동

프로젝트란 교사의 지도하에 개별 유아, 소집단 유아 또는 학급 전체가 책임을 지고 한 가지 주제에 대해 장기간에 걸쳐 심도 있게 연구하는 것을 말한다. 유아들은 자신이 가지고 있는 지식을 프로젝트 활동에서의 경험을 통해서 재구성하게 된다. 프로젝트 활동에서는 다양한 표상 활동과 성인 또는 유능한 또래의 도움을 통하여 유아들이 경험과 지식을 재구성하도록 돕는다.

소집단의 유아들이 교사와 함께 프로젝트 활동을 하는 모습

## 2) 가정과의 연계를 통한 지도

### (1) 부모교육

생활습관 지도는 유아교육기관에서의 일방적인 지도만으로는 충분한 성과를 거두기가 어렵다.

교사의 교육적인 지도는 물론 부모가 유아교육기관과 연계하여 가정에서도 지속적으로 지도하여야 한다. 가정과의 연계성 있는 지도를 위하여 부모교육을 실시함으로써 부모들이 유아교육기관에서의 생활 지도 원리와 방향을 이해하고 가정에서도 유아교육기관과 연계성 있는 생활 지도가 이루어질 수 있다.

### (2) 가정통신문

가정통신문을 통하여 부모와 자녀가 함께 할 수 있는 활동을 제공하거나, 부모에게 도움을 주는 생활 지도에 관한 조언, 유아교육기관에서 이루어지는 활동에 대한 안내와 협조 등을 가정 통신문을 통해서 할 수 있다.

### (3) 부모 면담

유아 개개인이 지니고 있는 문제점과 생활 지도 방법 등에 대하여 부모들을 개별적으로 면담하여 상담과 협의가 이루어질 수 있다. 부모교육에서 논의된 생활 지도의 원리와 방향이 유아 개인에게 어떻게 적용될 수 있는지 생활 지도에서 부모가 겪는 어려움이 무엇인지 등을 상세하고 구체적으로 논의할 수가 있다.

### (4) 관찰 기록

유아들이 유아교육기관 또는 가정에서 나타내는 생활태도 등을 관찰하고 기록함으로써 생활 지도의 연속성과 객관적인 비교 평가를 할 수 있다. 관찰 기록은 유아교육기관과 가정에서 기록되어 보존하는 것이 바람직하다.

5장

# 유아 생활 지도의 실제

## 활동 1. 간식, 도시락 바르게 준비하기

**목 표** 식사하기 전에 도시락, 수저, 물컵, 수건의 위치를 제자리에 놓는 훈련을 통하여 바른 식사예절을 습득하도록 돕는다.

**준 비 물** 도시락, 수저, 물컵, 수건, 도시락 위치를 정한 그림자 판

**활동방법**

1. 일상생활 영역에 준비되어 있는 도시락을 바르게 정리하는 활동 바구니를 꺼낸다.
2. 그림자 판 위에 도시락, 수저, 물컵, 수건 등을 올려놓고 완성하여 본다.
3. 반복 훈련을 통해 식사하기 위한 도시락 정돈하기를 익힌다.

## 활동 2. 인형 옷 입히기

**목 표** • 단정하고 바르게 옷 입는 방법을 안다.
• 소근육이 발달한다.

**준 비 물** 인형, 인형 옷, 신발 , 빗, 의생활 훈련 틀(단추 끼우기, 지퍼 올리기, 끈매기 등)

**활동방법**

1. 소꿉 영역에 각종 인형 옷을 준비한다.
2. 각 인형에 맞는 옷을 선택한다.
3. 옷이 단정하고 바르게 입혀졌는지 논의하여 잘못된 점을 지적하고 바르게 입힌다.
4. 의생활 훈련 틀도 준비하여 조작해 보는 기회를 준다.

**유 의 점** 소꿉놀이 영역에서 인형 옷을 입혀볼 수 있도록 놀잇감을 충분하게 준비한다.

## 활동 3. 이 닦기

**목 표** 이의 중요성을 알고 깨끗이 닦는다.

**준비물** 물컵과 물컵 놓는 선반, 개인 칫솔, 치약(절약할 수 있는 올림기), 칫솔꽂이, 이 닦기 순서 그림 카드 5장

**활동방법**

1. "이를 왜 닦아야 할까?" 이야기를 나눈다.
2. 그림 카드를 보면서 이 닦기 순서를 익히고 재미있게 소리도 만들어 본다(치약 짜는 방법과 뚜껑을 닫는 것).
3. 화장실에 가서 이 닦기를 다 함께 한다.
4. 칫솔은 칫솔꽂이 통에 놓고 물컵은 스펀지로 닦아서 제자리에 놓는다.
5. 입 주위를 깨끗이 닦는다.
6. 이를 닦고 '하' 하고 냄새를 맡아보고 기분이 어떤지 이야기해 본다.

## 활동 4. 손톱 깎기 활동

**목 표** 자신의 몸 여러 곳을 깨끗이 하는 활동 중에 손톱 깎기 활동은 유아들이 많이 해보고 싶어하는 활동이나 다치기 쉬운 활동이므로 충분히 훈련하도록 돕는다.

**준 비 물** 손톱 깎기, 그림자 판, 작은 종이상자(휴지통용), 손바닥 모양, 휴지(충분히 준비한다)

**활동방법**

1. 복사용지에 유아의 손을 대고 손 모양을 그린 후 오린다.
2. 손톱 끝에 검은 매직으로 때를 그린다.
3. 휴지를 펼친다.
4. 손바닥 모양을 왼손에 들고, 오른손으로 손톱의 때를 잘라낸다.
   (톡톡 손톱 깎는 소리가 난다)
5. 다 깎은 후 손톱 때를 휴지에 싸서 휴지통에 버린다.
6. 다음 친구를 위하여 휴지통을 비워 둔다.

## 활동 5. 숟가락, 포크, 젓가락 사용하기

**목 표** 숟가락, 포크, 젓가락 등 여러 도구를 사용하여 옮기는 활동을 통해 음식물을 흘리지 않고 옮기는 도구 사용법을 익히게 돕는다.

**준비물** 접시 2개, 쟁반 1개, 숟가락(대, 중, 소), 젓가락(굵은 나무젓가락, 가는 나무젓가락, 쇠 젓가락), 포크(대, 중, 소), 뽕이(대, 중, 소), 음식물(대추, 밤, 도토리, 콩)

**활동방법**

1. 숟가락으로 대추가 담겨있는 접시에서 빈 다른 접시로 한 개씩 떠서 옮긴다.
2. 젓가락 또는 포크를 사용하여 옮기기를 반복한다.
3. 숟가락으로 조금 작은 도토리, 다음에는 콩 등 점점 작은 물건을 옮긴다.
4. 포크나 젓가락으로도 점점 작은 물건 옮기기를 한다.
5. 숟가락이나 포크, 젓가락 크기를 작은 것으로도 활동해 본다.

## 활동 6. 건강 · 청결한 생활 평가 자료

**목 표** 평가 자료 결과에 따라 유아수준에 알맞은 내용을 계획하여 효율적인 지도를 한다.

**준 비 물** 평가 자료표

**활동방법**

1. '건강·청결한 생활'의 덕목을 어린이에게 지도한다.
2. 부모님들께서 어린이들의 2주 동안의 생활태도를 보시고 평가하게 한다.
3. 평가 자료를 통하여 어린이들의 수준에 알맞은 내용을 계획한다.
4. 평가 표시 방법 : • 잘 지켰을 경우(○) • 보통일 경우(△)
   • 지키지 않았을 경우(×) • 기회가 없을 경우(ㅁ)

| 날짜 / 내용 | 6/1 | 2 | 3 | 4 | 5 | 6 | 7 | 8 | 9 | 10 | 11 | 12 | 13 | 14 | 15 | 16 |
|---|---|---|---|---|---|---|---|---|---|---|---|---|---|---|---|---|
| 식사 전에 손을 꼭 씻었어요 | | | | | | | | | | | | | | | | 가져오는날 |
| 불량식품을 사먹지 않았어요 | | | | | | | | | | | | | | | | |
| 식사 후에 양치질을 했어요 | | | | | | | | | | | | | | | | |
| 속옷을 매일 갈아 입었어요 | | | | | | | | | | | | | | | | |
| 잠들기 전에 손발을 씻었어요 | | | | | | | | | | | | | | | | |

| 나도 할 수 있어요<br><br>반<br>이름 : | 식사 전에 손을 꼭 씻었어요<br><br>엄마와 어린이의 의견 | 불량식품을 사먹지 않았어요<br><br>엄마와 어린이의 의견 |
|---|---|---|
| 식사 후에 양치질을 했어요<br><br>엄마와 어린이의 의견 | 속옷을 매일 갈아 입었어요<br><br>엄마와 어린이의 의견 | 잠들기 전에 손발을 씻었어요<br><br>엄마와 어린이의 의견 |

## 활동 7. 편식습관 고치기 전략

**목 표** 잘못된 식습관은 부모의 탓이라고 해도 과언이 아니다. 엄마가 꼭 고쳐 주어야 하며 '시장이 반찬'이라는 속담이 있듯이 배고프면 먹게 된다. 편식을 고칠 때는 엄마의 단호한 의지가 필요하다.

**준비물** 여러 가지 활동 그림, 활동표

**활동방법**

1. 지도 방법
   - 어린이가 먹는 음식과 안 먹는 음식에 대해 이야기를 나눈 후 음식을 왜 골고루 먹어야 하는지에 대해 이야기 또는 인터넷으로 검색하여 알아본다. (좋아하는 음식만 먹을 때)
   - 어린이가 좋아하지 않는 음식은 아주 적은 양부터 먹어보도록 한다. 성인이(교사·부모) 먼저 먹어 본 후 권장한다 : 단기적인 보상 효과도 좋다.
   - 어린이에게 칭찬과 격려를 한다.
   - 다음과 같은 활동 그림을 이용하여 '편식습관 고치기'를 지도할 수 있다.

2. 우리 몸에 이로운 음식과 해로운 음식을 자녀와 함께 알아보기
3. 다양한 요리 방법으로 싫어하는 음식도 먹어볼 수 있도록 함께 요리해 보기

| 몸에 이로운 음식을 써보세요 (그려보기) | |
|---|---|
| 몸에 해로운 음식을 써보세요 (그려보기) | |
| 좋아하는 음식을 써보세요 (그려보기) | |
| 싫어하는 음식을 써보세요 (그려보기) | |

## 활동 8. 화장실에서의 손 씻기 안내

**목 표**
- 화장실에 다녀온 후 손을 씻어야 함을 안다.
- 올바른 손 씻는 방법을 안다.

**준 비 물**
1. 세면대 앞에서 물장난하는 그림
2. 차례대로 서서 손 씻는 그림
3. 종이 수건 뽑아 쓰고 휴지통에 버리는 그림

**활동방법**

1. 자유 선택 활동 중 소집단(약 8~9명)으로 모여 화장실로 이동한다.
2. 세면대 앞에 모여 서서 이야기 나눈다.
   - 무엇을 하는 곳일까?
   - 언제 손을 씻을까?

     –화장실 다녀온 후, 간식 먹기 전
3. 손을 씻는 방법에 대해 이야기한다.
   - 손은 어떻게 씻을까?

     옷소매 걷기→마개로 세면대 구멍 막기→수도꼭지 틀기→비누로 손 씻기→다 쓴 물 버리기→종이 수건으로 손 닦기→옷소매 내리기
4. 거울에 붙은 그림을 보여주며 어떤 그림인지 이야기하고 손 씻을 때 지켜야 할 약속에 대해 이야기 나눈다.
   - 거울에 붙은 그림은 어떤 그림일까?

     –물장난하는 그림, 차례차례 줄 서서 손 씻는 그림
   - 우리가 손을 씻을 때 물로 장난을 치거나 앞 친구를 밀면 어떻게 될까?
   - 어떻게 손을 씻어야 할까?
5. 어린이가 손 씻기 활동을 자연스럽게 할 때까지 지도한다.

   (식사 전·후, 외출한 후, 화장실 다녀왔을 때, 놀이한 후 등)

## 활동 9. 목욕 시간

**목 표** 몸과 주변을 깨끗이 한다.

**준 비 물** 그림 동화 자료

**활동방법**

1. 목욕을 왜 해야 하는지에 대해 생각해 본다.
2. 그림 동화 자료를 통해 목욕의 순서를 알아본다.
3. 공중목욕탕에서 주의해야 할 사항에 대해 이야기를 한다.

   – 주의할 점 –

   - 미끄러우니까 조심해서 걷는다. (뛰지 않기)
   - 물은 절약해서 사용한다.
   - 탕 속에서 수영하지 않기
   - 속옷 빨지 않기
   - 남에게 피해 주지 않기
4. 유아교육기관에서는 '목욕' 프로젝트를 한 후 실제 목욕탕에서 어린이들과 함께 목욕을 한 후 모둠별로 토의한다.
5. 목욕을 다 한 다음 느낌을 말해 본다.

**유 의 점**

- 목욕을 꼭 해야 하는 이유를 알게 한다.
- 목욕할 때 재미있고 안전하게 하는 방법을 알게 한다.

## 활동 10. 놀이터에서는 안전하게 놀아요

**목 표** • 실외 놀이기구를 안전하게 사용한다.
• 놀이터에서 지켜야 할 규칙을 안다.

**준비물** 실외 놀이터에서 안전하게 활동하는 여러 가지 그림, 남에게 피해를 주는 여러 가지 그림, 여러 가지 실외 놀이기구 그림판 또는 작은 모형

**활동방법**

1. 여러 가지 활동 그림을 보며 이야기 나눈다.
   • 놀이기구를 누가 바르게 타고 있을까?
   • 놀이기구를 누가 위험하게 타고 있을까?
2. 안전한 실외 놀이 활동을 위해 필요한 방법과 규칙을 생각해 본다.
3. 각자의 여러 가지 생각을 모아 규칙을 정한다.
4. 규칙에 따라 생활하여 본다.
5. 생활하고 놀이하다 불편한 점은 고친다.
6. 고친 규칙에 따라 생활한다.
7. 교사가 안전수칙을 만들어 붙여준다. (그림을 활용한다)

## 활동 11. 횡단보도를 건너요

**목 표** 횡단보도 건널 때의 유의할 점을 안다.

**준 비 물** 그림 자료(신호등)

**활동방법**

1. 큰 길 건널 때는 어떻게 해야 할지 이야기 나누어 본다.
   • 횡단보도를 이용하여 신호등이 초록불이 되면 좌우를 살핀 후에 건넌다.
2. 교통 표지판에는 어떤 것들이 있는지 어떤 의미가 있는지 알아본다.
3. 어린이들이 직접 눈으로 보고 느껴 볼 수 있도록 직접 견학을 하도록 한다.
4. 운동장에 횟가루로 횡단보도를 그리고 신호등 막대(빨간불이 켜진 신호등 막대, 초록불이 켜진 신호등 막대)를 준비하여 유아들이 직접 횡단보도를 건넌다.

## 활동 12. 교통신호등

**목 표** • 약속된 규칙에 따라 놀이한다.
• 교통안전을 위해 지켜야 할 규칙을 안다.

**준 비 물** 게임판, 주사위, 말

**활동방법**

1. 게임판을 살펴본다.
2. 주사위를 살펴보며 규칙을 정한다.
3. 게임 규칙을 안다.
   • 초록 불 주사위가 나오면 두 칸씩 앞으로 가기
   • 빨간불 주사위가 나오면 한번 쉬기
   • 말을 옮기다가 육교 앞길에 멈추게 되면 건너 앞으로 가기
   • 표시는 주사위를 한번 더 던지기
   • 순서를 정하고 말을 나누어 가진 후 게임을 한다.
   • 유아교육기관에 도착하면 게임이 끝난 것으로 한다.
   • 게임을 마친 후 자료를 정리·정돈한다.

## 활동 13. 급식 시간

**목 표** 올바른 식생활 습관을 갖는다.

**준비물** 도우미 목걸이, 식기 소독기(식판, 국그릇, 수저), 급식대, 보조책상, 음식 찌꺼기 통, 빈 바구니

**활동방법**

1. 교사는 급식대와 보조책상에 음식을 준비한다.
   - 급식대 맨 위 – 반찬 3종류
   - 중간 – 빈 바구니
   - 아래 – 앞치마, 머리 수건
   - 보조책상 – 밥, 국
2. 도우미가 식탁 준비와 급식 받을 준비가 된 모둠을 불러 준다.
3. 식기 소독기에서 급식판, 국그릇, 수저를 가지고 온다.
4. 급식대에서 먹을 만큼의 반찬과 밥을 담는다. (국은 뜨거우므로 교사가 떠준다.)
5. 급식을 받고 "감사합니다." 인사말을 한다.
6. 제자리에 가서 반 친구들이 다 받을 때까지 기다린다.
7. 도우미가 나와 '감사의 기도'를 친구들과 함께 한다.
8. 유아들이 "선생님 먼저 드세요."라고 말을 하면, "맛있게 먹자." 또는 "맛있게 먹어라."하고 대답을 해준다.
9. 유아들은"잘 먹겠습니다."라는 말과 더불어 "친구야 맛있게 먹어."라고 인사를 하고 즐겁게 식사를 한다(더 먹고 싶은 유아는 앞의 급식대로 나와 직접 가져간다).

10. 다 먹으면 급식대로 가져와 정리한다.
- 먼저 국그릇을 정리한 후 바구니 옆의 공간을 예쁘게 정리하여 놓는다.
- 숟가락으로 급식판에 남은 음식물을 맨 위에 준비된 찌꺼기 통에 넣는다.
- 급식판은 바구니 속에 예쁘게 정리하여 놓는다.
- 수저는 맨 위에 준비된 쟁반에 정리한다.
- "잘 먹었습니다." 인사말을 한 후, 양치질을 한다.

## 활동 14. 차례 지키기 안내(5세)

**목 표** 차례를 지킬 수 있다.

**준비물** 줄 서기 도우미 표시판

**활동방법**

1. 기다리는 이유와 필요성에 대해 이야기 나눈다.
   - 왜 줄을 서야 할까?
   - 줄 서는 방법에는 어떤 것들이 있을까?
     – 서로 도와주기, 도우미 정하기
2. 줄 서기 도우미의 역할에 대해 알아본다.
   - 순서대로 줄 설 수 있도록 도와준다.
   - 줄 서기가 끝나면 한 명은 줄 앞쪽에, 다른 한 명은 줄의 뒤쪽에 서며 뒤쪽 도우미는 뒤처지는 유아나 문제가 생기는 친구들을 도와준다.
   - 교실에서 나오면 불을 끄고 어느 곳으로 이동하는지 장소를 알리는 안내 표지판을 방문에 걸어 놓는다.
   - 귀가 시에는 현관의 혼잡을 막을 수 있도록 두 명이 현관 앞에 나란히 서서 5명씩 귀가하는 것을 도와준다.
3. 당번 표시판의 사용 방법을 알아본다.
   - 하루에 2명씩 도우미를 정한다.
   - 하고 싶은 사람은 위쪽에, 다음날 하고 싶은 사람은 아래쪽에 붙인다.
   - 다음날 아래쪽에 있던 사람은 위쪽으로 가고, 도우미를 하지 않았던 칸의 유아를 다시 아래쪽에 붙인다.
   - 왼쪽에는 도우미를 하지 않은 사람이 붙어있고 도우미를 한 사람은 오른쪽에 붙인다.

## 활동 15. 계단 이용 안내

**목 표** 계단 이용법을 안다.

**준비물** 우레탄 매트 (유아의 수 만큼)

**활동방법**

1. 1/3 그룹의(약 8~9명 정도) 유아와 함께 계단 앞에 준비된 우레탄 매트를 깔고 모여 앉아 계단에 대해 이야기 나눈다.
   - 이곳은 어디일까?
   - 계단을 오르내릴 때 어떻게 걸어가야 하는지에 대해 이야기를 한다.
   - 계단을 올라갈 때 어느 쪽으로 가야 될까?
   - 계단을 내려갈 때는 어느 쪽으로 가야 하는지에 대해 이야기한 후 왜 우측통행(오른쪽)하는지에 대해 모둠끼리 토의한 후 발표해 본다.

     – 유아들이 우측통행할 수 있도록 다음과 같은 방법으로 지도해 본다.
   - 계단 바닥에 무엇이 붙어 있을까? – 초록색, 노란색 발바닥
   - 왜 발바닥 그림이 붙어 있을까?
   - 올라갈 때는 무슨 색 발바닥을 따라 올라갈까? – 초록색 발바닥
   - 내려갈 때는 무슨 색 발바닥을 따라 올라갈까? – 노란색 발바닥
2. 계단을 올라가거나 내려갈 때 어떻게 해야 할까?
   - 계단에서 장난을 치면 어떨까? 앞에 가는 친구를 밀면 어떤 일이 생길까?

     – 넘어져요, 다쳐요
   - 어떻게 올라가고 내려가면 위험하지 않을까?

     – 앞에 있는 친구 밀지 않기, 한 사람씩 차례로 올라가기, 계단에서 장난치지 않기
3. 이야기가 끝난 후 유아가 시범을 보인다.
4. 실제로 유아들이 줄을 서서 차례로 계단 오르내리기를 해 본다.

## 활동 16. 화장실 사용법

**목 표** 화장실 사용을 바르게 할 수 있다.

**준비물** 상황 그림 카드, 현장(화장실), 화장지, 비누, 세면기, 수건

**활동방법**

1. 화장실에서 지킬 일을 알아보기
2. 화장실의 바른 사용 방법을 알아보기(변기에 바로 앉고 서기)
3. 대변기와 소변기 구별하기
4. 용변 후 처리과정 익히기(옷 입기, 물 내리기)
5. 소변 볼 때, 대변 볼 때의 화장지 사용하기
6. 손 씻기(용변 후)
7. 화장실 사용한 경험을 이야기해 보기
8. 화장실에 가서 직접 활동을 해 본다.
    - 문 두드리기(왜 문을 두드려야 할까요)
    - 사람이 많은 때 줄서기(급한 사람에게 양보하기)
    - 변기 중간에 바르게 앉기
    - 용변 보고 물을 내리기
    - 낙서하지 않기
    - 문을 쾅쾅 소리 나게 닫지 않기
9. 변기 밖으로 배설물이 튀지 않게 용변을 본다.
10. 양변기와 좌변기의 사용 방법 알기

## 활동 17. 화장지를 알맞게 사용해요

**목 표** 1. 물건을 잘 간수하고 아껴 쓴다.

2. 다른 사람의 물건이나 공공물건을 구분하고 소중하게 다룬다.

**준 비 물** 코끼리 코를 길게 그리고 눈금을 표시한 하드보드판, 두루마리 화장지

**활동방법**

1. 소그룹의 유아들과 교사가 화장지를 살피면서 상호작용한다.
2. (코끼리 코를 내 보이면서) 만일, 소변을 보았다면 화장지의 점선을 기준으로 몇 장을 떼어 사용하면 좋을까?
3. 소변을 볼 때와 대변을 볼 때의 사용량이 다른 것을 알 수 있도록 한다.
4. 코를 풀 때 필요한 화장지의 양을 알아본다.
5. 화장지를 어떻게 접어 사용할지를 알아본다.

**유 의 점** 화장실 벽에 코끼리 코를 부착하여 유아들이 화장실을 사용할 때 상기할 수 있다.

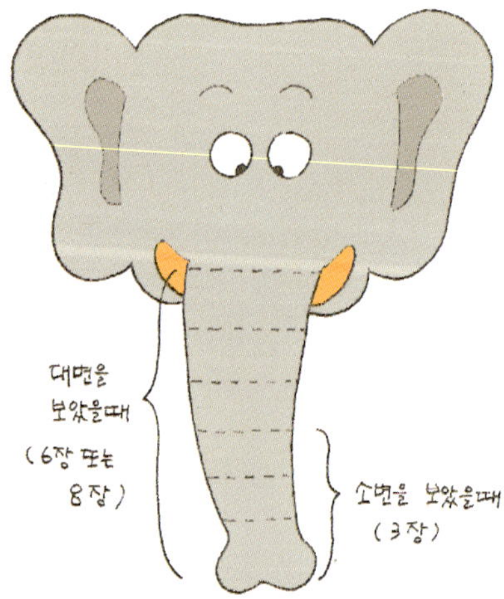

## 활동 18. 어른에게는 존대말을 해요

**목 표** 어른께 이야기할 때의 언어와 예절을 알고 실천한다.

**준 비 물** 가족이나 친척 중에 어른을 나타낸 그림 카드 몇 장

**활동방법**

1. 교사는 준비된 카드를 융판 위쪽부터 붙이면서 명칭을 유아와 함께 말한다.
2. 우리 집에 어른은 누가 계신지 이야기하고 적절한 카드를 골라 유아가 아래쪽에 붙이도록 한다.
3. 우리 집에 함께 살고 있지는 않지만 친척 중에 어른은 어떤 분이 계신지 이야기하고 적절한 카드를 골라 붙이도록 한다.
4. 어른들께 이야기할 때는 어떻게 말해야 하는지 상황을 만들어 이야기해 보도록 한다. (예 간다, 온다, 밥 먹는다, 잠잔다 등)
5. 어른들이 말씀하실 때 하고 싶은 이야기가 있으면 어떻게 해야 하는지 인형을 가지고 상황극을 꾸며 보여주고 경험을 이야기해 보도록 한다. (어른들이 말씀하실 때는 급한 일이 아니면 말씀이 다 끝나기를 기다렸다 해야 함을 알게 한다).

**유 의 점**

이야기 나누기를 활동 형태로 제시한 후 개별 또는 소그룹 형태로 그림 카드를 가지고 놀이할 수 있게 유도한다.

## 활동 19. 전기를 아껴 써요

**목 표** 전기를 아껴 쓰고 안전하게 다룬다.

**준비물** 그림 자료

**활동방법**

1. 놀이실이나 집에서 전기를 이용한 것에는 무엇이 있는지 들어본다. 교사는 전기가 우리 생활의 여러 면에 필요한 것임을 알려준다.
2. 전기의 바른 방법을 알아 본다.
   - 빈 방의 전기불은 끈다.
   - 아무도 없는데 텔레비전을 켜 놓지 않는다.
   - 냉장고 문은 사용 후 빨리 닫는다.
   - 물 묻은 손으로 콘센트를 만지지 않는다.
   - 전기줄이나 전구를 만지지 않는다.
   - 전기 코드의 연결은 어른에게 부탁한다.
3. 전기를 만드는 발전소, 변전소, 전신주 가까이에서 놀거나 올라가지 않도록 주의를 준다.

■ 전기가 우리 집에 오기까지

## 활동 20. 감정 조절하기

**목 표**
- 자신의 감정을 자연스럽게 표현한다.
- 자기 자신과 다른 사람의 감정을 존중한다.

**준비물** 감정이 표현된 원판(바늘이 중심부에 부착)

**활동방법**

1. 화살표를 빙글 돌려서 멈춘 곳의 감정을 표현한다.
2. 멈춘 부분의 표정은 어느 때 하게 되는가? 이유를 말하게 한다. (예 화가 났을 때 : 소리 지른다. 아무 말 안하고 눈을 감는다. 더 작게 말 한다 등)
   - 우리가 화날 때 어떻게 하는가에 대해여 이야기해 본다. (예 소리 지르고, 울고, 때리고, 발로 찬다)
   - 나에게 울고, 때리고, 발로 차고, 소리 지르는 친구를 볼 때 어떤 마음이 드는가에 대한 얘기를 나눈다.

**유의점**

감정을 표시하는 그래프를 주어서 자기의 감정 상태를 스티커로 붙일 수 있게 해도 좋다.

## 활동 21. 목소리 조절하기

**목 표** 자기의 욕심으로 다른 사람에게 피해를 주지 않는다.

**준 비 물** 목소리 조절판

**활동방법**

1. 8~10명의 유아들을 대상으로 하여 교사는 자료를 유아들 앞에 놓는다.
2. 교사가 바늘을 흐린 색에서 점차 짙은 색 쪽으로 돌린다. 이때 유아들에게 소리를 어떻게 낼 것인지 질문한다.
3. 점점 큰 소리(흐린 색→짙은 색)로 볼 수 있도록 바늘을 돌리기도 하며 점점 작은 소리(짙은 색→흐린 색 쪽으로)를 내보는 연습을 한다.
4. 우리의 목소리는 큰 소리만 내라고 있는 것이 아니라 상황에 따라서 보통으로 또는 작은 소리를 내야 할 때를 알아야 하며, 행동으로 옮길 수 있도록 한다.

**유 의 점**

- 교실 내에서 작은 소리로 이야기해야 하지만 운동장 내에서는 큰 소리로 표현해도 된다는 것을 안다.
- 교실 모퉁이나 필요한 부분에 '작은 입술로 작은 소리로' 라는 포스터 표어를 부착시켜도 좋을 듯하다.

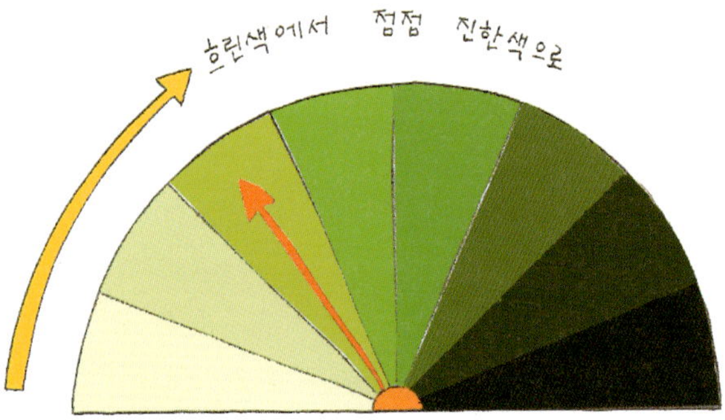

# 활동 22. 부모님과의 협동생활 I 평가 자료

**목 표** 평가 자료 결과에 따라 유아수준에 알맞은 내용을 계획하여 효율적인 지도를 한다.

**준 비 물** 평가 자료표

**활동방법**

1. '부모님과의 협동생활' 덕목을 지도 내용으로 준비한다.
2. 부모님들께서 어린이들의 2주 동안의 생활태도를 보시고 평가한다.
3. 평가 자료를 통하여 어린이들의 수준에 알맞은 내용을 계획하여 본다.
4. 평가 표시 방법 : • 잘 지켰을 경우(○) • 보통일 경우(△) • 지키지 않았을 경우(×) • 기회가 없을 경우(ㅁ)

| 날짜 / 내용 | 6/1 | 2 | 3 | 4 | 5 | 6 | 7 | 8 | 9 | 10 | 11 | 12 | 13 | 14 | 15 | 16 |
|---|---|---|---|---|---|---|---|---|---|---|---|---|---|---|---|---|
| 밥상에 수저를 함께 놓았어요 | | | | | | | | | | | | | | | | 가져오는 날 |
| 빨래를 엄마와 함께 개었어요 | | | | | | | | | | | | | | | | |
| 방청소를 엄마와 함께 했어요 | | | | | | | | | | | | | | | | |
| 아빠 구두를 닦아 드렸어요 | | | | | | | | | | | | | | | | |
| 엄마와 함께 잠자리를 준비했어요 | | | | | | | | | | | | | | | | |

| 나도 할 수 있어요<br>반<br>이름 : | 밥상에 수저를 함께 놓았어요<br><br>엄마와 어린이의 의견 | 빨래를 엄마와 함께 개었어요<br><br>엄마와 어린이의 의견 |
|---|---|---|
| 방청소를 엄마와 함께 했어요<br><br>엄마와 어린이의 의견 | 아빠 구두를 닦아 드렸어요<br><br>엄마와 어린이의 의견 | 엄마와 함께 잠자리를 준비했어요<br><br>엄마와 어린이의 의견 |

# 활동 23. 부모님과의 협동생활 II 평가 자료

**목 표** 평가 자료 결과에 따라 유아수준에 알맞은 내용을 계획하여 효율적인 지도를 한다.

**준 비 물** 평가 자료표

**활동방법**

1. '부모님과의 협동생활' 덕목을 지도 내용으로 준비한다.
2. 부모님들께서 어린이들의 2주 동안의 생활태도를 보시고 평가한다.
3. 평가 자료를 통하여 어린이들의 수준에 알맞은 내용을 계획하여 본다.
4. 평가 표시 방법 : • 잘 지켰을 경우(○) • 보통일 경우(△)
   • 지키지 않았을 경우(×) • 기회가 없을 경우(ㅁ)

| 날짜 / 내용 | 6/1 | 2 | 3 | 4 | 5 | 6 | 7 | 8 | 9 | 10 | 11 | 12 | 13 | 14 | 15 | 16 |
|---|---|---|---|---|---|---|---|---|---|---|---|---|---|---|---|---|
| 식사 후 그릇을 설거지통에 넣었어요 | | | | | | | | | | | | | | | | 가져오는 날 |
| 현관의 신발을 엄마와 함께 정리했어요 | | | | | | | | | | | | | | | | |
| 심부름을 동생(형제)과 함께 했어요 | | | | | | | | | | | | | | | | |
| 화초에 물을 엄마와 함께 줬어요 | | | | | | | | | | | | | | | | |
| 부모님을 형제와 함께 안마해 드렸어요 | | | | | | | | | | | | | | | | |

| 나도 할 수 있어요<br>반<br>이름 : | 식사 후 그릇을 설거지통에 넣었어요<br><br>엄마와 어린이의 의견 | 현관의 신발을 엄마와 함께 정리했어요<br><br>엄마와 어린이의 의견 |
|---|---|---|
| 심부름을 동생(형제)과 함께 했어요<br><br>엄마와 어린이의 의견 | 화초에 물을 엄마와 함께 줬어요<br><br>엄마와 어린이의 의견 | 부모님을 형제와 함께 안마해 드렸어요<br><br>엄마와 어린이의 의견 |

## 활동 24. 친구와의 협동생활 I 평가 자료

**목 표** 평가 자료 결과에 따라 유아수준에 알맞은 내용을 계획하여 효율적인 지도를 한다.

**준 비 물** 평가 자료표

1. '친구와의 협동생활' 덕목을 지도 내용으로 준비한다.
2. 부모님들께서 어린이들의 2주 동안의 생활태도를 보시고 평가한다.
3. 평가 자료를 통하여 어린이들의 수준에 알맞은 내용을 계획하여 본다.
4. 평가 표시 방법 : • 잘 지켰을 경우(○) • 보통일 경우(△)
   • 지키지 않았을 경우(×) • 기회가 없을 경우(ㅁ)

| 날짜 / 내용 | 6/1 | 2 | 3 | 4 | 5 | 6 | 7 | 8 | 9 | 10 | 11 | 12 | 13 | 14 | 15 | 16 |
|---|---|---|---|---|---|---|---|---|---|---|---|---|---|---|---|---|
| 친구와 함께 인사를 했어요 | | | | | | | | | | | | | | | | 가져오는 날 |
| 친구와 장난감을 함께 가지고 놀았어요 | | | | | | | | | | | | | | | | |
| 친구와 장난감을 함께 정리했어요 | | | | | | | | | | | | | | | | |
| 친구에게 양보하며 함께 놀았어요 | | | | | | | | | | | | | | | | |
| TV를 친구와 함께 보았어요 | | | | | | | | | | | | | | | | |

| 나도 할 수 있어요<br>반<br>이름 : | 친구와 함께 인사를 했어요<br><br>엄마와 어린이의 의견 | 친구와 장난감을 함께 가지고 놀았어요<br><br>엄마와 어린이의 의견 |
|---|---|---|
| 친구와 장난감을 함께 정리했어요<br><br>엄마와 어린이의 의견 | 친구에게 양보하며 함께 놀았어요<br><br>엄마와 어린이의 의견 | TV를 친구와 함께 보았어요<br><br>엄마와 어린이의 의견 |

## 활동 25. 친구와의 협동생활 Ⅱ 평가 자료

**목 표** 평가 자료 결과에 따라 유아수준에 알맞은 내용을 계획하여 효율적인 지도를 한다.

**준 비 물** 평가 자료표

**활동방법**

1. '친구와의 협동생활' 덕목을 지도 내용으로 준비한다.
2. 부모님들께서 어린이들의 2주 동안의 생활태도를 보시고 평가한다.
3. 평가 자료를 통하여 어린이들의 수준에 알맞은 내용을 계획하여 본다.
4. 평가 표시 방법 : • 잘 지켰을 경우(○) • 보통일 경우(△)
   • 지키지 않았을 경우(×) • 기회가 없을 경우(ㅁ)

| 날짜 / 내용 | 6/1 | 2 | 3 | 4 | 5 | 6 | 7 | 8 | 9 | 10 | 11 | 12 | 13 | 14 | 15 | 16 |
|---|---|---|---|---|---|---|---|---|---|---|---|---|---|---|---|---|
| 친구가 하는 말을 들어 주었어요 | | | | | | | | | | | | | | | | 가져오는 날 |
| 무거운 물건을 친구와 함께 들어 주었어요 | | | | | | | | | | | | | | | | |
| 동화책을 서로 바꾸어 읽었어요 | | | | | | | | | | | | | | | | |
| 친구와 음식을 나누어 먹었어요 | | | | | | | | | | | | | | | | |
| 게임이나 컴퓨터를 함께 했어요 | | | | | | | | | | | | | | | | |

| 나도 할 수 있어요<br>반<br>이름 : | 친구가 하는 말을 들어 주었어요<br><br>엄마와 어린이의 의견 | 무거운 물건을 친구와 함께 들어 주었어요<br><br>엄마와 어린이의 의견 |
|---|---|---|
| 동화책을 서로 바꾸어 읽었어요<br><br>엄마와 어린이의 의견 | 친구와 음식을 나누어 먹었어요<br><br>엄마와 어린이의 의견 | 게임이나 컴퓨터를 함께 했어요<br><br>엄마와 어린이의 의견 |

## 활동 26. 바르게 인사해요

**목 표** 부모님과 집안 어른께 인사한다.

**준비물** 동시 '아침 저녁', 손가락 인형(엄마, 아빠, 햇님, 나팔꽃, 분꽃)

**동시**

**아침 저녁**

엄마 보고 안녕 아빠 보고 안녕
아침 일찍 깨어 햇님 보고 안녕
나팔꽃도 일어나 우리 보고 안녕

엄마 보고 안녕 아빠 보고 안녕
잠자리에 들 때 달님 보고 안녕
분꽃들도 졸면서 우리 보고 안녕

**활동방법**

- 인사를 왜 해야 하는지, 어린이와 함께 이야기를 한다.
- 어른께 인사할 때 : 친구, 형제, 주변에 계신 이웃분께 인사를 어떻게 할까
  –동시를 듣고 다음과 같이 활동한다.

1. 동시를 읽어 준다.
2. 손가락 인형을 끼고 다시 한번 들려준다.
3. 아침에 일어나서 저녁에 잠들 때까지 부모님께 어떤 인사를 했는지 경험한 것을 이야기해 보도록 한다.
4. 유아가 말한 것 외에 또 언제 인사해야 하는지 알려준다. (아침에 일어나서, 잠자기 전에, 외출하기 전에, 집에 돌아와서, 식사 후에 인사하기)

5. 동시에 익숙해지면 안녕 부분은 유아들이 다 같이 또는 편을 갈라 부분적으로 진행할 수 있다.

**유의점**

- 손가락 인형을 사용할 때 왼손에는 1절에 해당하는 엄마, 아빠, 햇님, 나팔꽃 인형을 끼고 오른손에 유아 인형 하나를 끼고 동시 내용을 표현한다. 2절을 읽을 때는 햇님은 달님으로 나팔꽃은 분꽃으로 바꾸어 끼고 읽어 준다.
- 동시를 지어 벽에 붙여 주어 유아들이 즐길 수 있게 한다.

## 활동 27. '고맙습니다, 죄송합니다, 잘못 했습니다'라고 말해요

**목 표** 도움을 받았을 때, 실수를 했거나 잘못했을 때에 적절한 말로 표현한다.

**준 비 물** 융판, 글자 카드 3장(고맙습니다, 죄송합니다, 잘못했습니다), 상황 카드 몇 장(약을 발라 주시는 장면, 선물을 받는 장면, 넘어졌을 때 일으켜 주는 장면, 부딪치는 장면, 공으로 지나가는 사람 맞추는 장면, 큰 소리로 남을 놀라게 하는 장면, 길에서 부모님께 떼쓰는 장면, 화가 나서 친구에게 물건을 던지는 장면, 엄마를 발로 차고 때리는 장면 등)

**활동방법**

1. 각 상황 카드를 한 장씩 제시하며 어떤 상황인지 함께 이야기 나눈다.
2. 그 상황에서 할 수 있는 말은 무엇인지 이야기해 본다.
3. 상황 카드 및 적절한 말에 대해 이야기를 마친 후 글자 카드를 함께 읽어보며 융판에 배치한다.
4. 유아들이 나와서 각 글자 카드 밑에 상황 카드를 연결시키는 활동을 해 본다.

**유 의 점**

- 그림의 장면에서 교사, 부모님, 친구로 상황을 바꾸었을 때의 말의 변화 과정을 이해하게 한다.
- 제시된 장면 이외에도 다양한 상황으로 바꿀 수 있다.
- 상황을 유아들과 극 놀이로 연결지어 볼 수 있다.
- 사후에 이와 같은 상황이 발생했을 때 그때그때의 개별적인 지도가 중요함을 유의한다.
- 인사에 관한 노래를 통해 상황에 따라 인사하는 것을 강화할 수 있다.

## 활동 28. 장난감 사고 싶으면 참지 못하는 친구

**목 표** 갈등이나 문제 상황의 감정을 이해하고 긍정적으로 해결하는 방법을 생각한다.

**준 비 물** 문제 상황 그림표

**활동방법**

1. 그림 자료를 보면서 주인공의 표정과 어떤 상황인지 이야기해 본다.
   - 장난감 가게 앞에 서 있는 이 친구 얼굴을 볼까?
   - 이 아이는 왜 이런 얼굴을 하고 있는 걸까?
2. 그림 상황에서 주인공의 마음에 대해 감정을 이야기해 본다.
   - 엄마하고 장난감 가게 앞을 지나가던 친구가 장난감이 사고 싶다고 떼를 쓰고 있단다. 이때 엄마 마음은 어떨까?
3. 어려운 상황에서 어떻게 문제를 해결해야 할지 이야기 나눈다.
   - 떼쓰는 아이에게 엄마가 어떻게 할 것 같니?
   - 너라면 어떻게 하겠니?
4. 이야기를 나눈 후 느낌을 말해 본다.

## 활동 29. 친구의 마음을 알아봐요

**목 표**
- 여러 가지 감정을 인식한다.
- 자신의 느낌, 생각을 감정과 연상하여 글과 그림으로 표현한다.
- 갈등이나 문제 상황을 인식하고 긍정적으로 다양하게 해결할 수 있는 방법을 생각한다.

**준 비 물** 깜짝 놀란 모습의 그림 자료, 심심해 하는 모습, 쓸쓸한 모습의 그림 자료, 4절지 색상지, 개인용 모양 종이, 필기 도구

**활동방법**

1. 그림 자료를 보면서 표정에 대해 이야기해 본다.
   - 왜 이런 표정을 하고 있을까?
2. 깜짝 놀란 친구나 심심해 하는 친구, 쓸쓸해 보이는 친구를 어떻게 도와야 할지 생각해 본다.
   - 그러면 어떻게 도와줄까?
   - 또 다른 방법은 무엇일까?

## 활동 30. 소그룹 토의

**목 표** 유아들의 중심이 되어 무질서의 불편함과 줄서기의 필요성에 대하여 그룹별로 토론하여 발표한다.

**준 비 물** 필기 도구

**활동방법**

1. 바깥놀이를 하기 위하여 출입문으로 향하던 유아들이 서로 먼저 나가려고 소란스럽게 몸싸움을 하며 다투는 상황이 발생한다.
   - 유아들과 함께 이 상황에 대해여 토론하기로 한다.
2. 왜 이런 일이 생겼을까?
   - 먼저 가려고 해서요
   - 새치기해서 그래요
   - 양보하지 않아서요.
3. 그룹을 나누어 소주제를 놓고 토론한다.
   - 주제① 먼저 가려고 친구를 밀면.....
   - 주제② 이런 곳에서 줄서기가 필요해요.
   - 주제③ 줄을 잘 서면 이런 점이 좋아요.
4. 토론 후 그룹 토의 내용을 발표한다.
   - 주제 ① '먼저 가려고 친구를 밀면'에 대한 토의 결과
     - 넘어져서 슬퍼요.
     - 머리를 심하게 다칠 수 있어요.
     - 계단에서 넘어지면 피가 날 수 있어요.
     - 친구를 밀면 화가 나요.

- 주제 ② '이런 곳에서 줄서기가 필요해요'에 대한 토의 결과
  - 계단 올라갈 때
  - 미끄럼틀 탈 때
  - 간식 먹을 때
  - 화장실에서
  - 교실 문에서(좁은 곳에서)
  - 버스 탈 때 등
- 주제 ③ '줄을 잘 서면 이런 점이 좋아요'에 대한 토의 결과
  - 줄을 서면 빨리 갈 수 있어요.
  - 즐거워요, 신나요.
  - 싸움이 벌어지지 않아요.
  - 선생님한테 칭찬 받아요.
  - 계단에서 안 떨어져요.

## 활동 31. 나의 하루

**목 표** 규칙적으로 생활하는 태도를 기른다.

**준 비 물** 프린트물, 색연필, 이야기 자료

**활동방법**

1. 유아가 하루를 어떻게 보내는지 이야기를 들어본다.
2. "나의 하루" 이야기를 들려준다.
3. 사람마다 하는 일과 그 시간의 다름을 알려 주고 유아 각자가 자신의 하루 생활을 동그라미 시계에 그려 넣게 한다.
4. 유아가 바른 생활 태도를 갖도록 유아가 세운 계획에 관심을 보이고 충분히 격려한다.

**유 의 점**

- 시계 시간표 아래에 이름과 약속을 기입하도록 한다.
  (예 조은별 : 나는 시간표를 잘 지키겠다.)
- 글씨를 쓰지 못하는 유아는 교사가 개입하여 도와준다.

## 활동 32. 귀가 후의 활동

**목 표** 규칙적으로 생활하는 태도를 기른다.

**준 비 물** 모조지 2매, 크레파스

**활동방법**

1. 유아가 귀가 후 즐겨하는 활동을 들어 보고 모조지에 기록하여 어떤 활동이 제일 많은지(적은지) 살펴본다.
2. 교사는 유아의 평소 활동을 함께 도표로 만든다.
3. 귀가 전 유아가 집에 가서 할 활동을 계획하여 도표에 이름을 써 놓는다.
4. 다음날 등원하여 자신이 계획대로 활동한 경우에는 이름 위에 동그라미표를 한다.

**유 의 점**

- 활동 그림을 다양하게 준비하여 유아들이 주로 많이 하는 활동의 그림을 붙여가며 도표를 만든다.
- 계획된 활동을 하지 못한 유아에게 그 이유를 들어본다.

## 활동 33. 가족회의

**목 표** 가족회의를 통하여 가정생활에서 필요한 예의를 이해한다.

**준 비 물** 가정통신문

**활동방법**

1. '가족회의 기록부'를 각 가정으로 보내어 자율적으로 실시하여 적용한 후 기록부는 개학 일에 유치원으로 가져온다.
2. 주제 1 : 여름방학엔 좋은 경험을 쌓게 해 주셔요.
   주제 2 : '하지 말기' 규칙보다 '하기' 규칙을 가르쳐 주셔요.
   주제 3 : 용돈을 이렇게 주셔요.
   주제 4 : 텔레비전이 해로움을 줄 수도 있어요.
   주제 5 : 아빠가 의견을 내놓은 주제
   주제 6 : 엄마가 의견을 내놓은 주제
   주제 7 : 내가 의견을 내놓은 주제

### ■ 가족회의에 대하여

민주적 가족관계는 집안 식구 모두가 의사결정 과정에 참여할 기회가 가장 효과적으로 발달합니다. 가족회의는 가족 내에서 일어나는 일을 가족구성원 각자가 생각하는 바를 함께 들을 수 있는 기회가 됩니다.

규칙적인 가족회의는 규정을 세우고 가족의 일원으로 책임감을 기르고 배우며, 나아가 세상에서 다른 사람과 더불어 살아가는 방법을 실제로 배우는 과정입니다.

1) 가족회의는 민주주의의 연습이다.
2) 가족회의는 부모가 자녀를 감독하는 것이 아니라 가족구성원 전체의 상부상조하는 협동심을 강조한다.
3) 가족회의에서 지켜야 할 사항
   - 가족구성원 모두가 참석할 때까지 지루하게 기다리지 않는다.
   - 늦게 시작하지 않는다.
   - 너무 오랫동안 모임을 갖지 않는다.
   - 불평과 비난을 지나치게 강조하지 않는다.
   - 결정한 의견은 실천한다.

■ **가족회의를 어떻게 시작하는가?**

1) 가족회의에 누가 참석하나요?

2) 시간은? (평균 주 1회로 요일 및 날짜, 시간 등을 계획할 것)

3) 장소는?

4) 의장과 서기의 역할은 어떤 방법으로 정할까요?
   (첫 회의에는 부모님이 역할을 담당)

5) 회의 진행은 어떻게 할까요?
   ① 주제(문제) 내용을 진지하게 듣고 명료하게 한다.
   ② 의견이나 최선의 방법을 제시한다.
   ③ 토의를 통해 결정에 도달한다.
   ④ 결정된 의견을 실천한다.

■ 주제 1, 2, 3, 4는 제시되어 있는 내용에 대하여, 주제 5, 6, 7은 가족의 각 구성원이 생각하고 있는 문제점에 대하여 가족회의를 진행한다.

■ 각 가정의 상황에 따라 주제 번호순서와 무관하게 진행하셔도 무방합니다.

■ 가족회의 기록부

| 일시 | | | |
|---|---|---|---|
| 참석자 | | | |
| 의장 | | 서기 | |

■ 아빠의 의견

■ 엄마의 의견

■ 나의 의견

■ ○○의 의견

■ 우리 가족은 다음과 같이 결정하였습니다.

■ 가족회의를 실행하면서 느낀점을 기록해 주세요.
(좋았던 점, 어려웠던 점, 회의하고 싶은 주제나 실천 사례 등)

• 좋았던 점

• 어려웠던 점

• 주제

• 실천 사례

# 활동 34. 친구 집에서

**목　표** 좋은 친구관계를 갖도록 노력하고 친구 집에서의 지킬 예절을 알고 지킬 수 있다.

**준 비 물** 인형극 자료(배경, 인형, 인형극 등)

**활동방법**

1. 인형극 보기
2. 인형극을 본 후의 어떤 내용이 좋았는지, 싫었던 것은 무엇인지 이야기해 보기
3. 친구와 사이좋게 지낼 수 있는 방법 이야기하기
4. 욕을 하지 않는 방법에 대해 이야기하기
5. 친구집에 갈 때 미리 할 일을 알아본다.
6. 미리 약속하기, 몸단정, 길조심, 노는 시간 지키기
7. 친구의 식구에게 인사하기
8. 사이좋게 놀기
9. 장난감 정리하기
10. 인사하고 돌아오기

## 활동 35. 환경구성

1) 계단

• 올라가는 쪽과 내려가는 쪽에 발바닥 모양을 붙인다.

• 이때 올라가는 쪽과 내려가는 쪽의 발바닥 색을 다르게 붙여 구별이 가능하게 하며 처음 시작은 두발을 붙이고 오른쪽 발부터 차례로 한 계단에 한 발씩 붙인다.

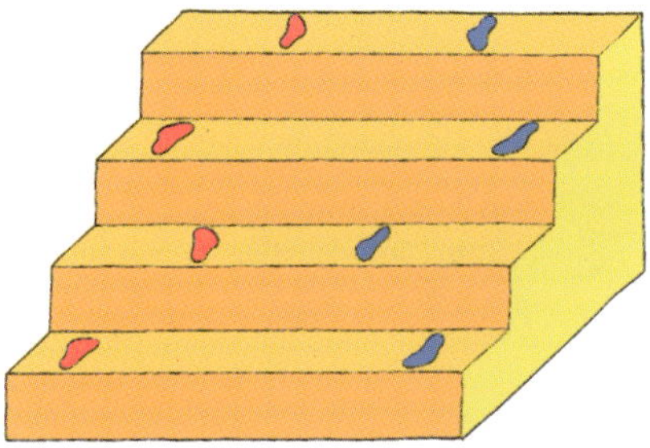

2) 공 수영장

• 올라가는 계단 내려가는 계단을 각각 다른 방향에 놓고 계단에는 발바닥 모양을 붙이고 실내화를 벗어 놓을 수 있는 곳을 마련한다.

• 실내화 벗는 곳은 유아가 차례대로 실내화를 벗을 수 있도록 발바닥 모양과 줄로 표시한다.

3) 유희실 자동차 타기

- 의자에 각 자동차 색과 같은 칼라시트 동그라미 모양을 붙인다.
- 자동차 타는 곳 벽면에 칼라시트를 붙인 의자를 놓아 자동차를 타고 싶은 유아가 그 자동차 색과 같은 색의 의자에 앉아 차례를 기다릴 수 있도록 한다.

4) 시청각실

- 시청각실에는 카페트가 깔려 있어 들어갈 때 실내화를 벗어 놓고 들어가야 하므로 실내화를 벗어 놓을 곳이 필요하다. 청각실 앞에 초록색 줄을 붙이고 발바닥 표시와 함께 붙여 놓아 실내화를 벗어 정돈하기 편리하도록 한다.

5) 물 마시는 곳

- 각 층마다 여러 학급이 함께 사용하기 편한 곳에 물 마시는 곳을 마련한다.
- 물통을 놓을 수 있는 책상, 물통, 컵, 컵을 담을 수 있는 바구니, 다 마신 후 사용한 컵을 놓을 수 있는 통을 비치한다.
- 유아들이 차례대로 물 마시기 편하도록 책상 앞 바닥에 발바닥 모양을 붙인다. 벽면에는 순서대로 물 마시는 그림과 적당히 담아 마시는 그림을 붙인다.

6) 3세 화장실

- 한 개의 세면대 앞에 동시에 2명씩 손을 씻을 수 있도록 발바닥 모양을 바닥에 붙인다.
- 세면대에 비눗갑도 2개를 비치하여 유아가 동시에 손을 씻을 수 있도록 배려한다.

7) 놀이기구 기다리는 곳

• 3세의 경우 교실에 대근육 활동을 위한 미끄럼, 흔들말 등의 기구가 배치될 때 여러 가지 동물이나 기본 도형으로 모양을 만들어 바닥에 붙여 기다리는 표시로 사용한다.

8) 바깥문 나가는 곳

• 3·4세의 경우 실외로 통하는 문 앞에 2줄로 서서 차례대로 나갈 수 있도록 발바닥 모양이나 여러 가지 모양들을 이용해 바깥 문 앞 바닥에 붙인다.

9) 간식차

• 손을 씻은 유아들이 간식차 앞에 차례대로 줄을 서서 컵과 접시를 가져갈 수 있도록 한줄로 발바닥 모양 표시를 붙인다.

### 10) 소집단 분류판

- 4세는 두 집단으로 나누어 활동을 하기 쉽도록 소집단 분류판을 사용한다.
- 소집단 분류판에는 나눌 집단의 유아 표시(유아가 각자 정한 모양)를 붙인다.

### 11) 줄서기 당번표

- 줄서기 당번표는 귀가할 때나 이동할 때 줄 서는 것을 도와주는 당번을 알리는 표시판으로 당번은 5세 유아가 하루 2명씩 하게 한다.
- 이 당번 표시판에는 '당번을 했어요' 와 '당번을 하지 않았어요'로 나누고 '오늘'과 '내일' 당번을 할 어린이를 각각 두 명씩 표시하게 한다. 하지 않은 어린이 중 '오늘'과 '내일' 당번을 할 어린이는 그 칸에 이름을 붙여놓고 당번을 한 후 '했어요' 칸으로 옮긴다.

## 활동 36. 유치원의 기본적인 질서

**목 표** 유치원에서 기본적인 예절을 이해한다.

**준 비 물** 상황에 맞는 그림 자료

**활동방법**

1. 인사 바르게 하기
   ① 고맙습니다, 고마워, 미안합니다, 미안해, 괜찮아, 안녕하세요 등의 여러 가지 인사말은 어떤 경우에 사용하는가를 함께 이야기해 본다.

   ② 인사하는 올바른 방법을 알아본다.
   - 인사는 어떻게 해야 되나요(바로 서서 몸가짐을 단정히 하여 양손을 옆에 붙이고 약 30도 정도로 윗몸을 앞으로 굽히고 눈은 아래로 향하게 한다).
   - 교사가 올바른 인사의 모델링을 보인다.
   - 몇 명 유아가 나와서 시범을 보인다.
2. 바르게 줄 서기
   ① 바르게 줄 서는 방법에 대해 이야기 나눈다.
   - 우측통행을 생활화하고 복도에서는 뛰지 않으며 뒤꿈치를 약간 들고 걷는다.
   - 친구에게 방해 되지 않도록 줄을 선다.
   - 몸을 흔들지 않고 발만 옮기며 신을 끌지 않는다.

   ② 이야기 나눈 후 실제로 복도에 나가서 한 줄로 서서 바르게 걸어본다.

3. 바르게 의자에 앉기

① 바른 의자 사용법에 대해 이야기 나눈다.

• 의자 가지고 장난하지 않는다.

• 될 수 있는 한 깊이 앉고 허리를 편다.

• 의자에서 일어설 때는 의자를 약간 뒤로 밀고 왼쪽으로 물러서서 의자를 조용히 밀어 넣는다.

② 실제로 유아가 두 명 나와 의자에 바르게 앉아 본다.

4. 바르게 문여닫기

① 문을 열고 닫을 때의 올바른 태도에 대해 이야기 나눈다.

• 문을 쾅소리가 나게 닫지 않는다.

• 문이 닫혀 있는 방에 들어갈 때는 노크를 한다.

• 문턱이 있는 방은 문지방을 밟지 않는다.

• 어른 앞에서 문을 열고 나갈 때는 비스듬한 자세로 문을 연다.

② 실제로 교실 문을 바르게 닫고 열어 본다.

## 활동 37. 공공장소에서 지켜야 할 예절

**목 표** 공공장소에서의 예절을 안다.

**준비물** 세 가지 색지 각 1장씩(21cm×21cm), 카드 18장(7cm×7cm), 휴지상자, 부직포

1. 게임판과 게임판을 덮을 카드 만들기

2. 카드 담을 상자 만들기
   - 빈 휴지 상자, 부직포를 이용해 아래와 같이 만든다.

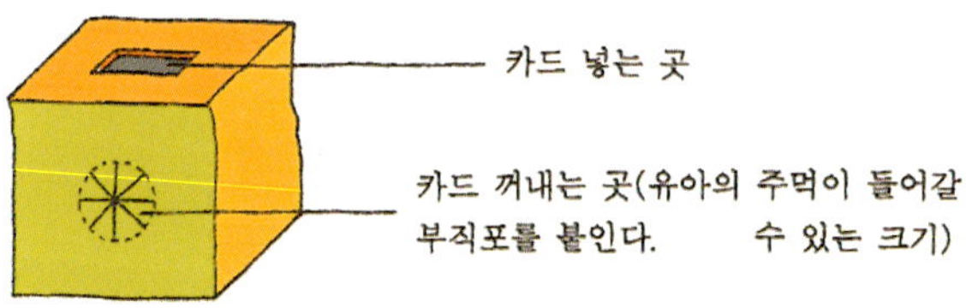


<카드 담을 상자>

**활동방법** 세 명의 유아가 판 1개씩 나누어 갖고 순서를 정하고 카드를 상자 안에 넣는다. 차례로 카드 상자 속에서 카드 1장을 꺼내는데, 자신의 판의 그림보다 올바른 행동의 그림이 나오면 해당 그림 위에 카드를 올

려놓고, 관련되지 않은 카드가 나왔을 경우에는 다시 상자에 집어넣는다. 게임판을 모두 채우면 끝난다.

응 용 상황에 맞게 바꾸어 게임을 진행할 수 있다.

■ 판의 그림

① 진열장을 만지고 입 대고 하는 것
② 에스컬레이터에서 거꾸로 올라가는 것
③ 엘리베이터에서 먼저 내리는 것
④ 화장실에서 남에게 물이 튀게 손 씻는 것
⑤ 발소리를 내고 뛰어 다니는 것
⑥ 떼 쓰는 것

■ 판을 덮을 카드의 그림

① 진열장에서 물건 구하는 것
② 에스컬레이터 줄 서서 타는 것
③ 엘리베이터에서 순서대로 내리는 것
④ 화장실에서 물이 튀지 않게 손 씻는 것
⑤ 발소리를 작게 내고 걸어 다니는 것
⑥ 떼 쓰지 않는 것

## 활동 38. 태극기

**목 표** 1. 태극기는 우리나라 국기임을 안다.
2. 국기에 대한 예절을 안다.

**준비물** 태극기, 시청각 자료(글씨 카드 및 각종 그림 카드), 융판

**활동방법**

1. 우리나라 이름을 안다(대한민국, 한국, 코리아).
2. 태극기 노래를 함께 부른다.
3. 태극기를 융판에 붙이고 모양과 색깔을 관찰한다.
   - 태극기는 평화, 단일, 창조, 광명, 무궁을 나타낸다
   - 태극 : 빨강(양)-해(태양), 밝음과 귀함
     파랑(음)-달, 희망과 어두움
   - 건-하늘과 봄
   - 이-땅과 여름
   - 감-물과 가을
   - 곤-불과 겨울
4. 나라마다 국기를 가지고 있음을 알게 하고, 태극기를 만들게 된 유래를 들려준다.

■ **이야기 자료**

조선 말 고종 19년(1882년)부터 사용되기 시작했다. 운양호 사건 후 제물포에서 일본과 조약을 맺게 되자, 이로 인하여 박영효와 김옥균 등이 정식 특파대사로 일본에 건너가게 되었는데, 여기에서 국기의 필요성을 느끼게 되어 배 안에서 만든 것이 바로 지금의 태극기이다.

5. 태극기는 언제, 어떻게 다는지에 대해 이야기한다.
   - 유아교육기관 : 일요일을 제외한 모든 요일
   - 집 : 국경일(설날, 3·1절, 광복절, 개천절, 한글날과 현충일)
6. 태극기를 하루 중 어느 때에 달고 내리며, 게양하는 방법을 알아본다.
   - 게양 : 아침에 해뜨기 전
   - 저녁에 해지기 전
   - 방법 : 집 밖에서 볼 때 왼쪽에 단다. 현충일에 다는 조기는 세로 폭만큼 내려서 단다.
7. 활동실 벽에 걸려 있는 태극기 사진틀을 향해서 정해진 시간에 '국기에 대한 경례'를 한다.
8. 태극기를 게양하거나 하강할 때 어떤 노래가 들리는가?
   - '애국가'를 만든 안익태 선생님의 이야기를 들려준다.
   - 유아들과 애국가를 불러본다.
9. 국기에 대한 경례를 하는 동안 어떤 생각을 하는가를 유아들에게 물어본다.
10. 태극기는 어떻게 보관하는가?
    - 국기함을 만들어서 소중하게 보관한다.
    - 운동회에 사용할 태극기를 유아들에게 직접 그리게 해도 좋다.

## 활 동 39. 나는 오늘 무엇을 먹었나요

**목 표** 1. 과식하여 배탈나지 않도록 한다.

2. 편식을 하면 몸이 약해짐을 안다.

**준 비 물** 필기 도구

**활동방법**

1. 유아가 오늘 아침 식사에서 먹은 음식을 그리면, 교사는 그 내용을 적어준다.
2. 유아는 오늘 아침에 무엇을 먹고 왔는지를 간식(중식) 시간에 서로 이야기한다.
3. 교사는 식사의 중요성을 알려주고 끼니를 거르지 않는 습관을 기르도록 한다.

**유 의 점**

- 식사를 하지 않은 유아의 경우, 그 이유를 묻고 적어 준다.
- 적은 양의 음식이라도 제때에 먹도록 지도한다.

## 활동 40. 잠자기 전에

**목 표** 잠자리에 들기 전에 할 일을 안다.

**준비물** 게임판, 말, 그림 자료, 주사위

〈주사위〉

① 잠자기 전에 이 닦는 모습

② 부모님께 인사하는 모습

③ 혼자서 자는 모습

④ 부모와 함께 자는 모습

⑤ 늦게까지 TV보는 모습

⑥ 이불을 덮지 않는 모습

**활동방법**

1. 그림을 보며 잠잘 때의 바른 자세에 대해 이야기 나누기를 한다.
2. 주사위의 그림을 보면서 바른 행동과 바르지 못한 행동을 구별한다.
3. 순서를 정해 주사위 던지기를 한다.
4. 주사위를 던져 나온 그림이 바른 행동이면 한 칸 가고 바르지 못한 행동이면 제자리에 앉는다.
5. 먼저 도착한 사람이 이긴다.

## 활동 41. 안전 통원

**목 표** 1. 차를 바르게 이용한다.

2. 바른 보행 방법을 몸에 익히고, 가깝고도 안전한 길로 등·하원 한다.

**준 비 물** 필기 도구(종이, 연필, 색연필 등)

**활동방법**

1. 버스를 탈 때는 어떻게 해야 될까를 묻고 함께 토의한다.
   - 기다릴 때, 내리고 탈 때 줄을 서서 차례를 지킨다.
   - 안전한 뒷자석에 앉고 안전띠를 맨다.
   - 물건을 가지고 장난치지 않는다.
2. 도로를 걸을 때는 어떻게 해야 하는가에 대해 토의한다.
   - 앞을 똑바로 보고 한 줄로 보도의 좌측으로 걷는다.
   - 장난하며 걷거나 이야기에 정신이 팔려 옆으로 나란히 걷지 않는다.

**유 의 점**

- 습관화하도록 반복, 연습한다.(통원할 때 계속 지도)
- 주변을 돌아보고 현장학습을 하여 유치원 오고 가는 길의 위험한 곳을 알아본다.

## 활동 42. 사람과 자동차

**목 표** 1. 교통 안전 수칙을 알고 지킨다.

2. 자신의 생각을 정확히 표현한다.

**준 비 물** 그림 카드

**활동방법**

1. 유치원에 오고가는 길에는 어떤 것이 있는지 이야기를 나눈다.
2. 어떤 것들이 길주변에 있는가?
   - 인도, 차도, 횡단보도, 육교, 지하도 등의 교통 시설과 건물
3. 길에서 사람이나 자동차는 어떻게 다니고 있는지?
   - 길을 다니는 데는 규칙이 있다.
   - 사람은 인도로, 차는 차도로 다닌다.
4. 차들은 어느 쪽으로 다닐까?
5. 규칙이 없다면? 어떻게 될까에 대해 토의한다.

**유 의 점**

- 소집단으로 현장에 가서 실제로 실습을 통해 익히고 연습한다.
- 보행규칙을 지키도록 격려한다.

## 활동 43. 교통 신문

**목 표** 유아들에게 교통 사고의 위험성과 빈번함을 유아들이 직접 알아보고 발표함으로써 교통 안전의 필요성을 인식하도록 한다.

**준비물** 종이, 필기 도구

**활동방법**

1. 한달에 한 번씩 2~3명의 기자를 정하여 가정에서 부모들과 함께 교통 안전에 대한 기사를 선택하여 부모들과 교통 신문을 만든다.
2. 유아들이 해 온 신문을 직접 발표한 후, 그 내용으로 이야기를 나눈다.
3. 교통 신문을 주말 신문 게시판에 일주일 동안 배치해 둔다.

## 활동 44. 위험해요

**목 표** 위험한 상황을 인식하고 피한다.

**준비물** 위험표시(농약, 전철-출입금지, 담뱃불, 뛰지 마세요, 공사 중 등), 스크랩 북

**활동방법**

1. 교사는 일상생활에서 주의해야 할 각종 표시를 스크랩한다.
2. 유아와 함께 읽어 본다.
3. 다른 위험 요인(웅덩이, 들쥐, 놀이터 등)을 찾아 살피고 스크랩함으로써 유아가 주의하도록 지도한다.

**유의점** 위험에 스스로 대처하도록 돕는다.

## 활동 45. 우리 아이를 찾아 주세요

**목 표** 위험에 스스로 대처한다.

**준비물** 이야기 자료

**활동방법**

1. 유아에게 상황을 제시하고 의견을 들어본다.
2. 한 유아는 경찰이 되고 교사(유아)는 엄마가 되어 잃어버린 유아의 특징(옷차림, 연령, 성별)을 이야기한다.
3. 경찰인 유아는 엄마가 말한 내용을 잘 듣고 누구인지 찾는다.

**유의점** 경찰과 엄마를 맡은 유아를 위하여 역할놀이 자료(경찰모자, 핸드백 등)를 준비한다.

6장

# 유아 생활 지도의 활동

## 1. 유아교육기관에서의 주요 활동

유아 각자가 자기 자신에 대한 이해와 통찰을 깊게 하여 자율적이고 자주적인 생활습관을 가지고 보다 안정되고 통합된 성장·발달을 하도록 체계적이고도 전문적으로 도와주기 위하여 1년 중 유아교육기관에서는 다음과 같은 내용으로 활동을 전개하게 된다. 정원식은 초등학교 학생들을 대상으로 한 생활 지도 활동으로 편의상 분류하여 설명하고 있는데, 이를 기저로 유아교육기관에서의 유아 생활 지도를 위하여 이뤄지는 주요 활동을 제시하면 다음과 같다(장선철, 1995).

### 1) 유아를 대상으로 하는 활동

① 유아가 일상생활을 영위해 나가는 데 필요한 기본적인 생활습관과 예의범절을 익힐 수 있게 한다.
② 지능 검사, 인성 검사, 사회성 측정법 등의 각종 심리 검사를 실시한다.
③ 신입 원아에 대하여 입학 전에 학부형과의 개별 면접을 통하여 유아를 이

해하기 위한 기초 자료를 조사 작성한다.

④ 신입 원아에 대하여 유치(아)원 생활 전반에 대한 오리엔테이션을 한다.

⑤ 신입 원아의 지능 정도와 가정의 사회 경제적 수준 등을 고려하여 학급을 편성한다.

⑥ 지난해에 발견된 원아의 문제가 신입 원아 중에서도 발견되는지를 검토한다.

⑦ 사회성 측정을 통해 고립아, 배척아, 인기아를 선별해 내고 지도한다.

⑧ 유아의 건강 및 안전에 대한 지도를 한다.

⑨ 지적으로 우수한 유아에 대하여 새롭고 적극적인 경험을 줄 수 있도록 개별 지도 프로그램의 계획을 짠다.

⑩ 유아의 건강 및 안전에 대한 지도를 한다.

⑪ 가정 및 사회생활에 대한 지도 조언을 한다.

⑫ 특별한 지도가 필요한 유아는 전문가에게 위탁하고 지도받도록 한다.

### 2) 교사를 대상으로 하는 활동

① 생활 지도 전문가를 초빙하여 연수회 등 직무 연수를 한다.

② 유아의 공통적인 문제를 예방하기 위한 협의회를 가진다.

③ 생활습관 지도 사례 발표회를 연 4회 이상 가진다.

④ 생활 지도의 효율성을 높이기 위한 보조 자료를 개발·제작한다.

⑤ 유아 각자의 개인 간의 차 및 개인 내의 차를 파악한다.

⑥ 지역 사회의 자원 인사의 활용을 위한 협의를 한다.

⑦ 각 학급의 특수한 유아의 필요성을 충족시킬 수 있는 활동을 한다.

⑧ 부적응아의 지도를 위한 계획을 세운다.

⑨ 생활기록부나 유아 행동관찰기록부 등의 장부를 누구든 기록한다.

⑩ 학부형과의 상담을 한다.

### 3) 부모를 대상으로 하는 활동

① 부모 교육을 실시하여 유아의 성장·발달 및 생활상의 적응 문제에 관한 자료를 제공한다.
② 적응상의 문제를 가진 유아 부모와의 개별 상담을 한다.
③ 유아의 바람직한 생활습관을 형성시키기 위한 자료를 제공하며 지도·조언을 한다.
④ 특별한 지도를 요하는 유아의 경우, 부모를 전문가에게 안내한다.
⑤ 자녀의 문제 해결을 위하여 도움을 청하는 부모와 상담한다.
⑥ 학부모 교육을 위한 부모 교육 프로그램을 마련한다.
⑦ 유아의 유아 교육 활동이나 가정에서의 행동에 관하여 서로 정보를 교환한다.

이상에서 유아교육기관에서 유아 생활 지도를 위해 다뤄져야 할 주요 활동에 대한 일반적인 내용을 간추려 보았는데, 이것을 실제로 현장에 적용시키기 위해서는 대상 유아의 특성, 활동의 시기 등이 고려되어 각 유아교육기관의 실정에 맞게 보다 적절하고도 효율적이 되도록 재구성되어야 한다.

## 2. 유아 생활 지도의 원리

### 1) 기본적인 생활습관의 지도 원리

기본 생활습관 교육은 기능 우선이라든가 정신 우선이라는 어느 한 편만의 의미를 강조하여서는 유아의 가치 있는 인격 형성이나 전인적인 발달에 도달하기 힘들 것이다. 따라서 유아의 기본 생활 습관 교육은 형식적인 행동뿐만 아니라 정신적 가치와 더불어 교육되어야 할 것이다(포천 교육청 지정연구 시범유아교육기관, 1992).

오남두(1992)는 기본 생활습관 지도의 원리를 다음과 같이 설명한다.

① 신뢰감은 습관 형성의 기초가 된다.

② 모든 발달 영역과 관련된다.

③ 발달 수준에 맞게 단계적으로 지도한다.

④ 교사의 태도는 일관성이 있어야 한다.

⑤ 유아마다 발달 수준과 능력에 차이가 있다.

⑥ 유아 스스로 하도록 유도한다.

⑦ 교사와 유아의 상호 이해가 필요하다.

⑧ 유아에 대한 태도가 긍정적이어야 한다.

⑨ 좋은 환경을 제공해야 한다.

교육은 어떤 형태이든 인간적 관계와 유대 속에서 이루어져야 한다. 유아의 생활 지도를 위해서는 유아를 사랑하는 마음이 있어야 하며, 인간관계의 형성이 가장 필요한 것으로 인식되고 있다. 그러므로 유아들과 원만한 인간관계를 맺고 그들의 생활을 바르게 지도하기 위해서는 유아의 마음을 이해할 때 제대로 이루어질 수 있다(새세대육영회, 1985).

유아가 스스로 쓰레기를 버리는 모습

### 2) 좋은 습관 형성의 원리

"세살 버릇이 여든 간다"는 우리의 속담은 습관이 제2의 천성(天性)이 됨을 잘 나타내어 준다. 유아들의 몸과 마음은 가소성(可塑性 : plasticity)을 지니고 있기 때문에 마치 찰흙을 어느 한 형태로 굳어져 버리기 전에 다른 모양으로 변형시켜야 하듯이 유아도 그의 습관이 어느 한 시점에 고착되기 전에 좋은 습관을 가질 수 있도록 지도해 주어야 한다. 제임스(W. James)는 습관 형성의 원리로 결심, 기회, 예외가 있어서는 안 되며 반복연습이라는 네 가지를 제시하고 있다.* 김재은은 생활습관의 형성 방법으로 반복, 습관 형성의 시기, 동기화의 세 가지를 제시하고 있다.** 이들의 견해를 바탕으로 유아에게 좋은 습관을 형성시켜 주는 원리를 제시하면 다음과 같다.

첫째, 유아들에게 모범을 보여야 한다.

유아들이 나타내 보이는 행동은 바람직한 것이든 그렇지 못한 것이든 주위에 있는 어른들의 행동을 모방하는 데서 비롯된 것이 많다. 유아는 나이가 어리면 어릴수록 주위 어른의 영향을 더 크게 받는다. 따라서 유아에게 좋은 습관을 길러 주기 위해서는 부모나 선생님 또는 주위 어른들이 행동으로 모범을 보여야 한다. 언어를 통한 일반적인 지시나 훈육은 유아들의 생활습관 형성에 도움이 되지 못하며, 기본적인 생활습관에 대한 좋은 모델링(modeling)이 유아에게 주어질 때에 비로소 유아는 학습을 통해 좋은 습관을 몸에 지니게 된다.

둘째, 일관성 있게 반복 연습을 시켜야 한다.

주위 부모나 선생님 등 어른들이 좋은 버릇에 대하여 모범을 보여줌과 동시에 일관성 있게 반복 연습을 시키는 것이 바람직한 습관 형성에 도움이 된다. 유아에게 하나하나의 행동을 반복하게 함으로써 그 습관을 형성(shaping)시키고, 유

---

주) * W. James(1983). 아동발달, pp.181~184에서 재인용. 서울 : 교학.

** 김재은(1984). 유아의 발달심리. pp. 134~137. 서울 : 창지사.

아 스스로가 의식하지 않고도 생활 속에 그 습관이 정착될 수 있도록 매일 규칙적으로 연습시켜야 한다. 이때 유아 주변에 있는 부모는 물론 선생님, 또는 이웃의 어른들까지도 상호 협조하여 그 어떤 경우라도 예외를 두지 말고 일관성 있는 태도로 지도에 임해야 한다.

식사가 끝나면 자신이 먹은 그릇은 설거지통에 넣는다

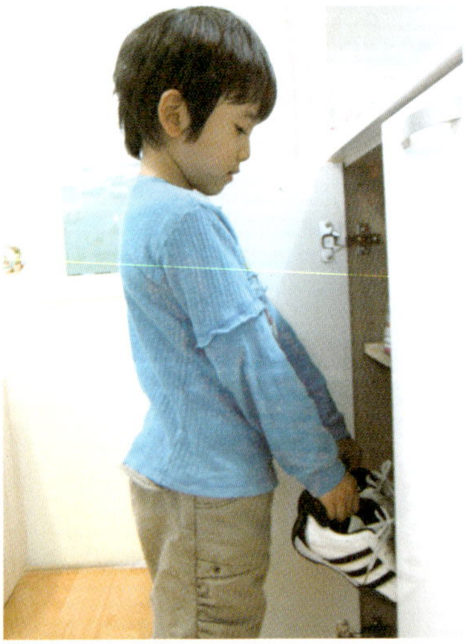

밖에 나갔다 들어오면 신발을 스스로 정리하게 지도한다

셋째, 유아가 스스로 하고자 하는 동기 유발(motivation)을 시켜야 한다.

유아에게 좋은 습관을 형성시키기 위해서는 스스로 하고자 하는 마음을 조성해 주어야 한다. 따라서 유아 스스로가 참여하도록 하기 위한 주위의 환경을 만들어 주어야 하며, 유아가 흥미롭게 생각할 수 있는 자료를 동원하거나 흥미롭게 느낄 수 있는 일부터 시작되어야 한다. 부모나 선생님의 무리한 강요가 아닌 유아의 흥미가 충분히 고려될 때 유아 스스로가 좋은 습관을 형성하겠다는 동기 유발이 된다. 또한 유아가 자기 스스로 바람직한 행동을 나타내 보였을 때 부모나 선생님은 아낌없는 칭찬을 해주어야 한다. 유아의 일상생활에서 잘못된 행동, 뒤떨어진 행동에 대하여 꾸중하고 벌할 것이 아니라 그의 행동을 잘 관찰하여 바람직한 행동을 찾아내서라도 그 행동에 대하여 적절하게 칭찬을 해주게 되면 유아 스스로 좋은 습관을 길러야겠다는 동기유발이 이루어진다.

넷째, 좋은 습관을 형성시키기 위해서는 유아 개개인의 발달 단계나 습관 형성의 시기가 충분히 고려되어 지도되어져야 한다.

유아 개개인이 지닌 능력이 모두가 다 다를 수밖에 없으므로 습관의 지도에 있어서도 유아 개개인의 발달 단계가 충분히 고려되어야 한다. 그들에게 실현 가능한 것들을 지도 내용으로 삼을 때 그들은 하나하나 성취해 내는 기쁨을 맛보게 되며 좋은 습관이 몸에 배이게 된다.

다섯째, 유아에게 좋은 습관을 형성시켜 주기 위해서는 교사나 부모는 인내심을 가지고 꾸준히 지도하여야 한다.

습관이란 하루아침에 고착되는 것이 아니라 오랜 시간을 두고 형성되는 것이므로 지도에 임하는 부모나 교사는 조급히 서두를 것이 아니라 끈기 있고 참을성 있게 인내로써 지도해 나가야 한다. 때에 따라서는 좋아졌다 싶은 행동이 갑자기 나빠지는 경우도 있으므로 그때마다 실망하거나 포기할 것이 아니라 인내심을 가지고 꾸준히 지도해 나갈 때 좋은 습관이 길러지게 된다.

## 3. 유아 생활 지도의 내용

### 1) 기본 생활습관 지도

#### (1) 기본 생활습관의 의미

기본 생활습관 지도란 유아가 사회의 구성원으로 생활을 해나가는 데 기본적으로 요구되는 예절, 청결, 질서, 절제, 협동 등의 덕목을 습관하여 건전한 인성과 원만한 인간관계를 형성하는 것을 말한다. 유아기는 기본 생활습관을 형성하기에 가장 적합한 시기이다. 그러므로 유아를 위한 기본 생활습관의 지도 원리는 발달적 적합성에 기초하여 유아 스스로 바람직한 수준에 도달하도록 도와야 하며 올바른 생활습관이 형성되도록 반복적이고 지속적인 지도가 이루어져야 한다.

### (2) 기본 생활습관의 내용

기본 생활습관 내용을 살펴보면, 질서, 예절, 청결, 절제로 나누어 볼 수 있는데 각각의 내용을 살펴보면 다음과 같다.

#### ① 질서

질서란 사회를 구성하는 제 요소들이 올바른 상태를 유지하기 위하여 지켜야 할 구성원의 약속이라고 할 수 있다. 또한 단체생활에서의 기본적인 생활규범을 익혀 모두가 즐거운 생활이 되도록 하는 것이 중요하다. 처음 집단생활을 시작하는 유아에게 친구와 서로 사이좋게 지내기 위해서는 지켜야 할 일이 무엇인지에 초점을 맞추어 규칙 및 규범을 이해시키고 실천해 나가도록 지도하여야 한다.

계단을 오르내릴 때는 줄을 선다

① 차례 지키기
- 줄서서 차례 지키기
- 복도, 계단, 교실 등에서 조용히 다니기

② 약속이나 규칙 지키기
- 시간 지키기
- 놀이규칙 지키기
- 친구와 약속 지키기
- 위험한 놀이 하지 않기

③ 교통규칙 지키기
- 교통신호 지키기

- 횡단보도로만 건너기, 차가 섰을 때 건너기, 좌우 살피며 건너기
- 거리에서 놀지 않기
- 차 안에서 안전벨트 매기, 돌아다니지 않기
- 오른쪽으로 걷기

교통안전에 관한 홍보활동

### ② 예절

예절이란 일상생활의 인간관계에서 가장 기본이 되는 예의와 범절을 말한다. 예절은 행동보다는 공경하는 마음을 근본으로 삼는다. 다시 말하자면, 예절의 전제 조건은 사랑, 즉 자신에 대한 존중, 타인에 대한 존중이 밑바탕에 있어야 자연스러운 태도가 몸에서 우러나오고 익혀질 수 있다는 것이다.

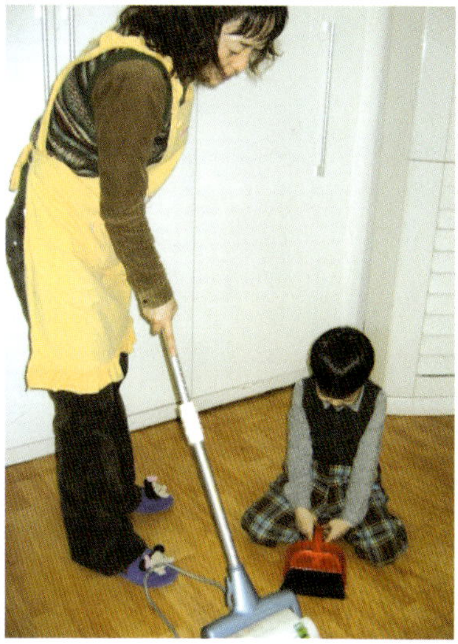

가정에서 부모님의 일을 도와준다

#### ① 가정에서의 예절

- 부모와 웃어른께 인사하기
- 웃어른께 존댓말하기
- 부모님의 일 즐겁게 도와드리기

- 식사예절 지키기
- 형제·자매와 사이좋게 지내기
- 정직하게 말하기
- 친구 집에 갈 때 부모의 허락받기

② 집단생활에서의 예절

- 가족, 친척, 이웃, 선생님, 친구에게 인사하기
- '고맙습니다', '미안합니다' 등 사회적 언어 적절히 사용하기
- 바르고 고운말 사용하기
- 친구들과 사이좋게 지내기
- 장난감 함께 사용하기
- 싸움을 말로 해결하기
- 다른 친구 방해하지 않기
- 다른 사람의 권리와 의견 존중하기

③ 국가생활의 예절

- 우리나라와 다른 나라의 국기 소중히 다루기
- 애국가를 부를 때 차려 자세로 경건하게 부르기
- 국경일에 국기 게양하기

### 3 청결

청결이란 자신의 몸을 깨끗이 유지할 뿐만 아니라 가정과 유아교육기관 및 생활 주변에 대한 청결에 관심을 갖고 유아 스스로 해결할 수 있도록 하여 건강하고 깨끗한 사회를 이루도록 하는 것이다.

① 몸을 깨끗이 하기

- 손 씻기, 이 닦기, 손·발톱 깎기, 목욕하기, 머리 손질하기 등 자신의 몸을 깨끗이 하기

- 깨끗한 옷차림과 속옷 자주 갈아입기
- 올바른 화장실 사용법 알기
- 음식을 소중히 여기고 깨끗이 먹기

② 주변을 깨끗이 하기

- 장난감 정리·정돈하기
- 유아교육기관의 교실 바닥이나 책상 깨끗이 사용하기
- 휴지나 쓰레기는 휴지통에 넣기
- 우리 동네 깨끗이 하기
- 벽에 낙서하지 않기

### ④ 절제

절제는 일상생활을 하면서 자신의 생각과 행동을 알맞게 조절하는 것이다. 유아기의 절제는 여러 가지 방법으로 물자를 절약하며 바르고 소중하게 사용하는 것뿐 아니라 여러 가지 하고 싶은 것, 갖고 싶은 욕구를 참아내는 감정의 조절도 포함된다.

① 아껴 쓰기

- 물, 전기, 음식, 놀잇감, 시간 아껴 쓰기
- 있는 물건 다시 사지 않기
- 가진 물건 소중하게 다루기
- 물건의 바른 사용법을 알고 지키기
- 저축하기
- 일과 계획과 물건 구입 계획하기
- 다시 쓸 수 있는 물건 찾아보기

헌 물건을 교환하는 시장놀이

② 장소나 상황에 따라 감정 조절하기

장소나 상황에 따라 감정을 조절한다

- 우는 것, 화내는 것, 소리 지르는 것 조절하기
- 갖고 싶은 것, 먹고 싶은 것 조절하기
- 나에 대해 긍정적으로 생각하기
- 양보하기
- 인내하기

유아의 바른 습관을 형성시켜 주는 주요 원리를 살펴보면 다음과 같다(김재은, 1988; 김충기, 2000).

첫째, 일관성 있게 반복해서 지도해야 한다.

기본 생활습관이라는 것은 행동을 여러 번 반복함으로써 형상화되고 내면화될 수 있다. 그러므로 부모와 교사는 일관성을 가지고 규칙적이고 체계적으로 계획함으로써 여러 번 숙달할 수 있도록 지도해야 한다.

둘째, 성인의 모델링이 필요하다.

유아들은 바람직한 행동이나 바람직하지 못한 행동이든 간에 성인의 행동을 의식적 또는 무의식적으로 모방함으로써 형성된다. 그러므로 바람직한 생활습관을 몸에 익히도록 하게 하기 위해서 부모와 교사는 언어를 통한 일반적인 지시나 훈육이 아닌 실제적인 행동의 본보기를 보여줌으로써 유아 스스로가 좋은 습관을 익힐 수 있도록 해야 한다.

셋째, 습관을 잘 형성하기 위해서는 동기유발이 중요하다.

습관을 형성하기 위해서는 강제적이고 지시적인 방법보다는 유아 스스로 행동을 할 수 있도록 하는 것이 효과적이다. 그러기 위해서는 주위의 환경을 조성하고 유아가 바람직한 행동을 한다면 부모나 교사는 그 부분에 관한 칭찬과 격려를 해 주거나 물질적 보상을 해 주는 것이 좋다. 단 물질적 보상을 해줄 때는 아이의 행동을 변화시키기 위한 도구가 되어서는 안 된다.

넷째, 발달 시기를 고려하여 지도해야 한다.

유아는 발달 정도에 따라서 개인차를 가지고 있다. 그러므로 발달수준을 파악하고, 적절한 내용과 방법으로 지도하는 것이 중요하다.

## 2) 사회성 지도

### (1) 사회성 지도의 의미

인간은 태어나면서 다른 사람들과 관계를 맺으며 살아가는 사회적 동물이다. 따라서 개개인의 생활태도와 함께 더불어 살아가는 협동적인 생활태도가 필수적이다.

우리가 함께 살아야 할 민주적 공동체는 모든 개인의 자유·평등 인권이 보장되며 존중되는 사회이다. 그러므로 유아교육이 기본적으로 추구해야 할 목표는 이성의 바람직한 기초를 형성하는 것이며, 동시에 민주시민으로서의 자질을 키워 더불어 사는 사회 구성원을 길러내는 것이다. 사회성 지도는 민주시민의식을 길러 이를 바탕으로 공동체의 발전에 이바지할 수 있도록 이끄는 방향으로 지도해야 한다.

### (2) 사회성 지도의 내용

유아가 생활환경 속에서 자신의 행동을 관리하고 사회의 규범과 가치관을 따르며 타인관의 공동체 생활을 익혀 민주시민으로서의 기본 자질을 기르는 것은 매우 중요하다. 교육 과정에서도 가정과 집단 그리고 사회 현상에 대해서 인식하고 협력하기를 강조하고 있다.

#### ① 가정생활

- 가족의 소중함을 알고 화목하게 지내기

- 형제와 사이좋게 지내기
- 가족의 구성원을 알기
- 가족을 위해 할 수 있는 일을 알아보고 실천하기

### ② 집단생활

- 친구와 사이좋게 지내기
- 다른 사람을 이해하고 존중하기
- 약속하기
- 공동으로 사용하는 물건을 소중히 다루기
- 공공장소에서 지켜야 할 규칙을 알고 지키기
- 여러 사람이 하는 일에 참여하기
- 서로 실천해야 할 일을 알아보고 실천하기
- 물건을 나누어 쓰고 서로 양보하기

### ③ 사회 현상과 환경

- 주변 지역에 관심 가지기
- 직업에 관심 가지기
- 경제생활에 관심 가지기
- 환경보전에 관심 가지기
- 우리나라의 상징과 전통에 관심 가지기
- 통일에 관심 가지기
- 세계 여러 나라와 문화에 관심 가지기
- 정보자료에 관심 가지기

유아는 집단에 참여하고 협력하며 나누고 양보하는 경험을 통하여 공동체의 구성원으로서 인정받게 되며, 자신도 만족감을 느끼고 집단행동에 적극적으로 참여하게 된다. 따라서 유아교육기관은 협력 공동체로서의 두레정신을 강조하기 위해서 자기표현, 바람직한 모델의 제시와 동기 부여, 감정이입, 역할 담당하기, 토의와 탐구활동, 가치명료화 및 가치분석, 문제해결 및 의사결정 과정 등의 활동 기회를 제공하여 유아들이 서로 의논하며 격려하는 등 상호작용이 이루어지도록 하여야 한다.

내가 살고 있는 동네 깨끗이 하기

전통결혼식을 경험하면서 유아들은 우리나라 전통에 관심을 가지게 된다

## 3) 건강 지도

### (1) 건강 지도의 의미

행복한 인간의 가장 최우선적인 기본적인 조건은 건강이라고 할 수 있다. 건강이란 병들지 않은 신체적 상태만을 말하는 것이 아니라 일상생활을 즐기며 살 수 있는 신체와 정신의 완전한 상태를 의미한다.

이러한 건강은 유아기에 그 기초를 형성하고 이후의 발달 방향을 결정하므로 유아기의 건강교육은 매우 중요하다. 요즘의 우리 사회는 산업화, 도시화, 정보화된 사회로 되어가면서 유아의 생활환경이 많이 변화되어 유아들은 자연과 더불어 뛰어놀기보다는 도시화된 건물 속에서 혼자 책을 읽거나 컴퓨터 게임과 같은 비활동적으로 생활이 급격히 변해가고 있다. 뿐만 아니라 음식도 서구화되어 간편하면서도 열량이 높은 음식을 선호하면서 비만아를 증가시키고 체격은 현저히 신장되었으나 체력은 점점 더 저하되는 현상을 보이고 있다.

유아기는 급속한 성장과 심신의 발달이 이루어지는 시기이다. 다양한 감각·운동적 경험을 통해 유아는 인지 발달을 도모할 뿐 아니라 탐구적이고 협동적인 학습자가 되고 이것은 자신에 대한 신뢰감을 가지고 긍정적인 자아개념을 형성하여 다른 사람들과 원만한 관계를 가질 수 있는 것이다. 따라서 건강한 신체가 기본이 될 때 건강한 사고와 정신이 깃들어 전인교육이 이루어질 수 있다고 보기 때문에 현대사회에서 건강교육은 더욱 필수적이라고 할 수 있다.

건강생활의 영역 체계를 '감각 및 신체 인식', '기본 운동 능력', '건강', '안전' 등으로 구성하였으나 이 책에서는 안전교육과 기본 생활 교육 등에서 일부 겹치는 내용이 있으므로 '운동', '영양', '건강관리', '휴식' 등으로 구분하여 살펴보고자 한다.

운동은 신체를 효율적으로 움직임으로써 신체의 고른 발달을 도모하는 것을 말한다. 운동기능은 원래 점진적이고 단계적인 과정을 거쳐 발달한다.

영양은 균형된 식품의 섭취를 통해 이루어진다. 적절한 영양의 공급은 인간의 성장을 지속시키고 건강을 유지하게 한다. 특히 일생 중 신체의 성장·발육이 가장 왕성하게 이루어지며 활동량이 가장 많은 유아에게 적절한 영양이 공급되지 않는다면 여러 가지 질병과 장애를 가져와 일생동안 건강하게 생활할 수 없으므로 영양에 대한 지식과 올바른 식습관에 대한 교육이 필수적이라고 볼 수 있다.

건강관리란 건강을 유지하기 위해 질병을 예방하고 치료하는 것과 정기적으로 건강을 진단하는 등 건강을 향상시키기 위해 수행하는 모든 조치를 말한다. 질병을 예방하기 위해서는 규칙적인 생활습관과 위생적인 생활습관을 몸에 익히는 것이 필요하다. 또한 유아의 연령과 계절에 따라 적기에 시행하는 예방접종은 유아의 몸이 특정 질병에 면역을 갖도록 하여 건강을 유지하는 데 도움을 준다. 유아교육기관은 의료기관과 연계하여 1년에 한두 차례 정도 건강진단을 실시하여야 할 뿐만 아니라 유아나 부모가 건강관리의 필요성을 이해하여 건강

증진에 힘쓰도록 교육하여야 한다. 또한 예방접종과 건강진단의 결과는 건강기록부에 반드시 기록하여 유아 이해에 활용하여야 한다.

휴식은 건강한 몸을 유지하기 위해 몸과 마음을 충분히 이완시키는 것을 말한다. 인간의 생체는 운동과 휴식이 규칙적으로 반복될 때 건강을 유지할 수 있다. 휴식은 충분한 수면을 취하는 것뿐만 아니라 조용히 음악을 듣거나 동화 듣기, 그림책 보기 등 정적인 활동을 통해 서로 이루어질 수 있다. 또한 성인이 되어서는 정신건강을 유지하기 위해 건전한 여가 시간을 갖는 것도 휴식이라고 할 수 있으므로 가정과 연계하여 정신적 긴장감을 해소하기 위한 방안을 실천할 수 있다. 예를 들면, 가족과 함께 여행하기, 등산하기, 노래부르기 등 공동의 취미를 개발하여 즐김으로써 긍정적인 자아개념과 함께 정신건강을 유지할 수 있다.

구리사랑어린이집 만 5세 견학 : 보건소에서 구강교육 받아요

출처 : 구리시청 직장어린이집

### (2) 건강 지도의 내용

#### ① 운동

- 머리, 팔, 다리, 어깨, 가슴, 배, 엉덩이 몸통 등 신체의 각 부분을 움직여 보기
- 신체 각 부분에 관심가지기
- 교사의 지시에 따라 움직여 보기

- 올챙이 헤엄치기 등 동물 흉내 내어보기
- 걷기, 달리기, 높이 뛰어 보기, 기어 보기, 미끄럼, 앙금질 등 기본 동작하기
- 뻗기, 구부리기, 돌리기, 흔들기 등 비이동 운동하기
- 던지기, 잡기, 차기, 굴리기 등 대 근육 조작운동하기
- 신발끈 매기, 색칠하기 등 소근육 조작운동하기
- 다양한 실내·외 놀이시설 이용하기
- 리본이나 스카프, 훌라우프, 리듬 막대 등 도구 이용하기
- 리듬이나 이야기 듣고 다양한 신체 표현하기

유아들이 실외놀이를 하고 있다

### ② 영양

- 우리 몸에 필요한 다양한 종류의 영양분 알기
- 다양한 영양분을 가진 음식물 알기
- 몸에 필요한 영양분 섭취방법 알기
- 우리 몸에 좋은 음식과 나쁜 음식 알기
- 편식하지 않고 골고루 음식 섭취하기
- 정시, 정량의 식사하기(식사를 거르거나 과식하지 않기)
- 적당한 간식 먹기
- 즐겁게 식사하기

- 바람직한 식습관과 식사예절 몸에 익히기
- 간단한 요리활동과 식탁 차리기
- 식품의 조리 과정을 통해 어떻게 변했는지 관찰하기

### ③ 건강관리

- 날씨에 맞게 옷 입고 벗기
- 차거나 설익은 음식 먹지 않기
- 손 깨끗이 씻고 손가락 빨지 않기
- 일찍 자고 일찍 일어나기
- 모기나 파리 등 해충에 대해 알고 대처하기
- 치아관리에 대해 알고 지키기
- 예방접종하기
- 우리 몸에 관심갖기
- 몸이 아프거나 다쳤을 때 어른께 말씀드리기
- 정기적인 신체검사 받기
- 병원에 대해 친근감 갖기
- 전염병에 대해 알고 예방하기
- 활발한 신체활동 후에는 휴식하기

친구들과 즐거운 식사 시간을 기다리는 모습

## 4) 수면 지도

### (1) 수면 지도의 의미

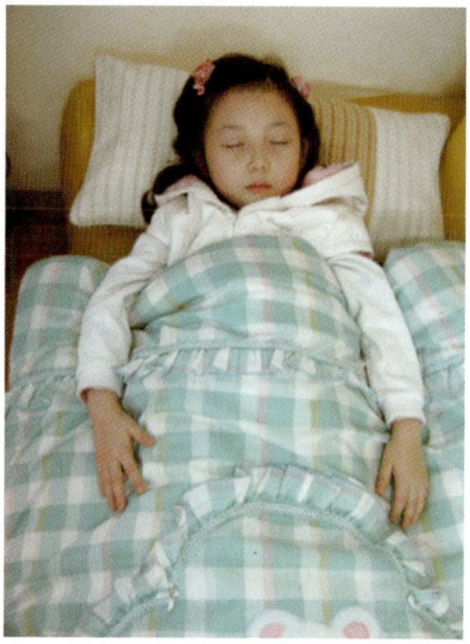
유아교육기관에서 낮잠을 자는 모습

수면은 사고와 행동을 위해서 사용했던 우리의 뇌에 있는 신경세포들을 다시 정리할 수 있게 해준다. 뿐만 아니라 섭취한 음식물을 소화·흡수하게 하기 때문에 모든 사람들은 육체·정신적 피로를 회복하고 건강한 생활을 유지하기 위해서 수면이 필요하다. 그러므로 유아에게 있어서의 수면 지도란 일정한 시간에 수면을 취하게 하고, 잠투정을 하지 않으며 충분한 시간 동안 숙면을 취할 수 있도록 지도하는 것을 말한다.

성인의 경우 8시간 정도의 수면으로 충분하지만 1~2세 영아들은 12~14시간, 2~5세 유아들은 10~12시간, 5세 이상의 유아들일 경우 10시간 이상의 수면이 필요하다. 또한 활동량이 많은 유아는 건강과 성장을 위해서 야간 수면은 물론 1일 1회 이상의 낮잠이 필요하다.

장시간 유아를 교육하고 돌보는 기관에서는 유아들의 건강을 위해서 낮잠 시간을 갖는 경우가 많으며 수면 지도는 교사의 역할이다. 유아들의 수면은 가정에서의 생활, 기관에서의 생활, 유아의 정서상태 등의 영향을 받을 수 있기 때문에 교사들은 유아들의 환경과 특성을 고려하고 가정과 연계하여 수면습관을 지도해야 한다.

### (2) 수면 지도의 내용

수면 습관은 영아기의 생활에서부터 형성되는 경우가 많다. 유아들 중에는 밤과 낮이 바뀌거나, 쉽게 잠들지 못하거나, 자주 깨거나, 낮잠을 자지 않으려고 하는 등 여러 가지 나쁜 수면습관을 나타낼 수 있다. 그러므로 바른 수면습관 형성을 위한 수면 지도 내용을 살펴보면 다음과 같다.

- 충분하고 편안한 잠자기
- 늦게까지 놀거나 TV 보지 않고 일찍 잠자기
- 혼자서 잠자는 습관 가지기
- 유아교육기관에서 낮잠을 자기
- 유아교육기관에서 잠이 오지 않을 때 조용히 지내기

특히 유아교육기관에서는 낮잠 지도 시 교사가 주의할 점을 살펴보면 다음과 같다.

첫째, 유아의 가정생활을 파악한다. 가정에서 가족 및 유아의 수면습관, 수면 시간, 생활리듬 등을 파악하여 기관에서의 수면 지도와 연계될 수 있도록 한다.

둘째, 교사는 일과 계획 시 균형있게 충분한 활동을 제공한다. 유아의 숙면을 위해서 충분한 활동과 함께 하루 일과를 균형있게 제공하고, 규칙적인 취침 시간을 제공해 준다.

셋째, 편안한 환경을 구성한다. 유아들은 주변 환경에 민감하게 반응하므로 낮잠실을 마련하여 빛과 소음을 차단하거나 교실에 블라인드 등을 설치하여 아늑하거나 차분한 분위기를 조성한다. 실내온도는 18~23℃의 적정 온도를 유지하는 등 수면을 위한 아늑한 환경을 마련해 준다. 그리고 심리적인 안정감을 줄 수 있는 음악이나 유아들이 좋아하는 인형 또는 장난감을 제공하여 편안한 마음으로 잠들 수 있게 한다.

넷째, 신체가 피곤하거나 흥분된 상황을 조절시켜 주어야 한다. 너무 피곤하거나 흥분되는 경우 잠을 잘 수 없으므로 자기 전에 유아의 마음을 가라앉히고 수면을 도울 수 있는 조용한 음악을 들려주거나 이야기를 들려주어서 신체를 조절시켜 주어야 한다.

다섯째, 유아의 개인적인 수면요구를 수용해 주어야 한다. 자기 전에 잠투정을 하는 경우 안아주거나 개별적인 요구를 받아주는 등 옆에 있어준다. 잠을 깨서 잠투정을 하는 유아는 충분히 잠을 자지 못해서 나타나는 행동으로 다음 활동에 영향을 줄 수 있으므로 교사는 안아주거나 다독거려 주는 등 유아가 편안하게 잠에서 깨어 다음 활동으로 전이될 수 있도록 지도해야 한다. 또한 낮잠을 자지 않는 유아는 강압적으로 자게 하는 것은 바람직하지 않다. 그러므로 조용한 놀이나 휴식을 취하게 하고 원인을 해결해 나가려는 자세가 요구된다.

## 5) 안전 지도

### (1) 안전 지도의 의미

안전 지도란 사고나 재해로부터 자신을 보호하는 행동 또는 능력, 태도를 육성하는 것을 말한다. 특히 유아는 각종사고나 위험에 노출되어 있으므로 성인은 유아의 안전에 많은 관심을 갖고 위험에 대한 인식이나 대처능력을 지도할 필요가 있다.

유아교육기관에서 발생하는 우발사고는 시설물과 관련된 사고가 많다. 최근에는 종일반 운영 등으로 유아교육기관에 유아가 머무는 시간이 늘어감에 따라 유아교육기관의 안전사고 예방에 각별히 주의를 기울여야 할 것이다.

유아에게 일어나는 우발사고를 예방하기 위한 방법은 안전규칙에 의한 철저한 물적 환경을 정비하고 성인이 유아를 철저히 보호하는 것도 중요하지만, 유아가 위험이나 사고에 대해 바르게 인식하고 스스로 자신의 안전을 지킬 수 있는 능력을 지니도록 하는 것도 중요하다. 유아교육기관에서 안전사고를 예방하기 위해서는 첫째, 위험이나 사고의 요소를 인식하고, 둘째, 가능한 한 빨리 그 위험요소를 제거하고, 셋째, 만일 그 위험요소를 제거할 수 없으면 항상 그것에 주의·경계하며, 넷째, 새로운 위험요소를 첨가하지 않아야 한다.

### (2) 안전 지도의 내용

안전교육의 내용을 살펴보면, 가정에서의 안전, 유아교육기관에서의 안전, 자연재해 및 화재에 대한 안전, 교통안전, 유괴로부터의 안전으로 나누어 볼 수 있다.

#### ① 가정에서의 안전

- 베란다나 창문 곁 침대 위에서 놀지 않기
- 아무것이나 먹지 않기
- 약은 부모 등 보호자, 의사나 간호사가 주는 것만 먹기
- 살충제, 표백제, 등 청소용 약물은 만지거나 먹지 않기
- 전기나 전기시설물을 만지지 않기
- 가스나 버너를 함부로 켜거나 만지지 않기
- 가스레인지 위에 있는 것을 덥석 잡지 않기
- 성냥이나 라이터로 불장난하지 않기
- 비닐봉지 등을 뒤집어 쓰지 않기
- 아무것이나 입에 넣지 않기
- 잘 알지 못하는 동물을 따라가거나 만지지 않기
- 엘리베이터 바르게 사용하기
- 놀러나갈 때 반드시 부모에게 허락받고 돌아올 시간 약속하기

#### ② 유아교육기관에서의 안전

- 바른 입구 사용하기
- 망가진 놀잇감이나 놀이기구를 사용하지 않기
- 놀이규칙을 꼭 지키기
- 운동 시의 규칙과 기구의 바른 사용법 알기
- 다른 친구에게 피해 주지 않기
- 놀잇감을 안전하게 다루기

• 찻길로 나가지 않기
• 물놀이 시 절대 혼자 하지 않고 어른이 보는 앞에서 하기

놀이기구를 사용할 때는 안전하게 사용한다

### ③ 자연재해 및 화재에 대한 안전

• 천재지변에 대해 알기
• 대피훈련에 적극적으로 참여하기
• 질서지켜 훈련하기
• 비상구 표시, 비상기구, 대피장소에 대해 알기
• 불장난하지 않기

### ④ 교통안전

• 보도에 안전하게 걷기
• 길을 건널 때는 꼭 건널목으로 건너기
• 교통신호 지키기
• 찻길에서 공놀이하거나 친구, 강아지 뒤를 쫓아 뛰지 않기
• 주차되어 있는 차 사이에서 놀지 않기
• 자전거 탈 때 주의하기
• 자동차에 타면 안전벨트 매기

- 차 안에서 지킬 일(차창으로 손 내밀지 않기, 조용히 앉아 있기, 돌아 다니거나 물건 내던지지 않기, 밀지 않기 등) 알기
- 대중교통 이용 시 지킬 일 알고 실천하기

주차되어 있는 차 사이에서는 놀지 않는다

#### ⑤ 유괴로부터의 안전

- 혼자서 돌아다니지 않기
- 낯선 사람이 함부로 몸을 만지지 않게 하기
- 낯선 사람 차에 타거나 따라가지 않기
- 놀러 나갈 때 부모에게 허락을 받고 돌아올 시간 알리기
- 혼자 있을 때 낯선 사람에게 문 열어 주지 않기
- 성인에게 도움을 요청하는 방법 알기
- 비상 전화번호 알고 사용하기

## 6) 성교육

### (1) 성교육의 의미

유아기 성교육은 유아에게 남녀의 신체나 생리적인 차이 그리고 특성을 이해

하게 하여 장차 행복한 삶을 살도록 하는 교육이다. 즉, 신체의 청결이나 안전규칙을 유지하는 생활태도를 통하여 다른 사람과의 관계를 유지하고 사회생활을 유지하며 건전한 성 의식과 태도를 갖게 하는 것이다.

유아의 성에 관한 교육의 전개는 유아가 생명의 소중함을 알 수 있도록 도와주어야 하고, 자신의 몸에 대한 소중함에 대한 관심과 자신에게 위험한 일이 생길 때에 대처하는 자세 등에 대해 잘 깨우칠 수 있도록 도와주는 것이며, 나아가 유아가 다른 사람에 대하여 관심을 가질 수 있도록 하고 교사가 세심하게 노력하여야 할 것이다.

### (2) 성교육의 내용

① 성교육은 성기나 성행위에 대한 부끄러운 내용의 교육만을 가르치는 것은 아니다.

② 성교육은 남자와 여자에 대해 알고 사회를 이루어 살아가는 생활에 대해 배우는 것까지도 포함하는 교육이다.

③ 성교육은 유아 때부터 성에 대해 올바른 태도를 갖게 하여, 후에도 건전한 애정관계, 인간관계를 맺으면서 살 수 있도록 도와주는 인격교육이다.

나의 몸에 대해서 알아볼 수 있는 인형

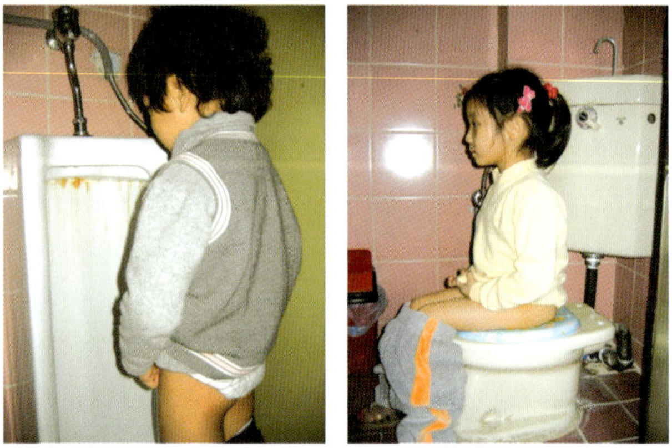

남자와 여자의 신체적 차이를 통해서 다르다는 것을 알게 한다

④ 남녀의 신체적 차이를 자연스럽게 알고, 자신의 주어진 성(여자, 남자)을 만족스럽게 받아들이도록 지도한다.

⑤ 자라면서 어떻게 변하게 되는지에 대해 긍정적으로 받아들이고 기대감을 갖도록 지도한다.

### 7) 학습 지도

#### (1) 학습 지도의 의미

학습 지도란 학습자를 존중함으로써 그의 학습을 돕고 안내하는 활동을 말한다. 또한 학습자의 자기주도적 학습이 강조되는 개념으로 이해해야한다. 그러기 위해서는 유아의 발달에 적합한 활동으로 구성되어야 하며, 유아가 스스로 계획을 세우고 현재 생활에 입각하여 경험을 재구성할 수 있도록 안내하여야 한다.

학습 지도의 원리는 다섯 가지로 나누어 살펴볼 수 있는데, 첫째, 구체적 활동의 원리이다. 어린 유아일수록 구체적이고 실제적인 학습을 선호하는 데 교사는 설명이나 그림, 글자 등 추상적 경험보다 실물을 사용하여 구체적 경험을 제공함으로써 탐구활동을 할 수 있도록 지도해야 한다.

둘째, 다양성 및 융통성의 원리이다. 유아들에게 다양한 활동을 경험시켜 주며, 교육의 시기와 여건에 따라 융통성 있게 학습을 지도시켜야 한다.

셋째, 능동적 선택성의 원리이다. 유아들에게 제공된 다양한 활동과 학습내용 중에서 유아 스스로 선택하고 탐구할 수 있도록 유아에게 선택권을 부여해야 한다. 유아의 능동적 선택에 의한 학습활동은 유아 스스로 학습할 수 있는 능력과 창의력을 증진시킬 수 있다.

넷째, 능동적 상호작용의 원리이다. 유아는 수동적 활동보다는 능동적 활동과 상호작용에 참여함으로써 자신의 능력을 발견하게 된다. 교사는 유아들의 관계를 세심하게 관찰하여 또래 간의 상호작용을 촉진할 수 있도록 도와야 한다.

다섯째, 탐구활동의 원리이다. 유아기는 성장·발달에 많은 변화를 가져올 수 있는 시기이다. 그러므로 유아는 주변세계에 대한 탐구에 많은 시간과 노력을 기울인다. 이러한 활동을 통해서 유아는 유목적적인 활동을 스스로 계획할 수 있게 된다.

### (2) 학습 지도의 내용

학습 지도를 할 때는 창의력 지도, 탐구 지도, 대화기법 등에 세심한 지도가 필요하다.

#### ① 창의력 지도

- 호기심이나 의문을 가지도록 도전적이고 자극적인 학습자료를 제공한다.
- 책을 많이 읽도록 한다.
- 다양한 시각으로 사물을 바라보게 한다.
- 개방적 형태의 질문을 통하여 사고력을 기르도록 유도한다.
- 말로 표현할 수 없을 경우에는 관련 매체를 활용하여 표현할 수 있도록 한다.
- 유아 스스로 관련지어 정리하는 능력을 길러 준다.
- 현장체험의 기회를 자주 갖는다.

#### ② 탐구 지도

- 문제의 내용을 단순화시킨다.
- 인과관계를 발견하도록 한다.
- 자극단서를 촉진시키는 자료를 사용한다.
- 탐구과정에서 유아에게 결론보다 탐구대상에서 무엇을 보아야 하는지를 일러준다.
- 유아가 싫증을 내지 않도록 탐구활동의 진행정도를 자주 물어 본다.
- 실패의 원인을 스스로 찾도록 하거나 부모 또는 교사에게 도움을 청하도록 한다.

교사와 유아가 1 : 1로 학습을 지도하는 모습

### ③ 대화기법

- 일인칭 단수를 주어로 하는 말, 즉 I Message를 사용한다. 왜냐하면 1인칭의 표현은 유아에게 저항이나 반항을 일으키지 않는다.
- '꼭 해야 하는 것'과 같은 규범적 표현보다는 '하지 않으면 안 되는' 것과 같은 비교적 표현을 사용한다. 규범적 표현인 도덕적 당위성을 나타내는 명령은 유아에게 심리적 저항감을 유발하지만 비교적 표현은 유아에게 융통성 있고 개방적인 태도를 길러준다.

# 제 2 부

# 유아 상담

7장

# 유아의 부적응 행동 유형과 지도

## 1. 부적응 행동의 유형

유아들은 여러 가지 유형의 문제 행동을 복합적으로 나타내는 경우가 많다. 이런 경우 유아의 연령과 문제의 심각성을 고려하여 단계적으로 치료해 나가게 되지만 문제의 치료가 다른 문제와 연결되어 있는 경우가 대부분이므로 한 번에 모든 문제 행동이 사라지기도 하고 좀처럼 진전을 보이지 않기도 한다.

여기서는 영유아기에 발생하는 문제를 중심으로 생활습관, 지적 능력, 사회성, 정서 및 정신 장애 그리고 기타의 행동상의 문제를 각 유형별로 나누어서 구체적인 특성을 살펴보겠다. 이러한 유형의 분류는 앞에서 언급한 임상적인 체계를 따르기보다는 일선의 교사나 부모들이 이해하기 쉬운 내용과 지도 방법을 중심으로 살펴보고자 한다.

## 1) 생활습관과 관련된 부적응 행동

### (1) 식사 문제(과식, 이식, 구초, 식욕 부진 등)

인간은 먹는 것에 의해 결정된다고 해도 과언이 아니다. 특히 성장기의 유아는 섭식 행동에 따라 성장, 건강, 정서적 적응에까지 영향을 받는다. 유아에게 나타날 수 있는 섭식 행동 문제를 살펴보면 편식, 비만, 이식증, 구토증 등이 있다.

#### ① 편식

영양사가 '음식이 우리 몸에 미치는 영향'에 대해 설명하고 있다

편식은 주로 3~4세가 되었을 때 잘 나타난다. 3세가 넘으면 유아는 점차 자기가 좋아하는 것과 싫어하는 것에 대한 구분이 뚜렷해지기 시작한다. 편식이나 안 먹는 문제는 심할 경우 유아의 신체 성장이나 뇌의 성장, 그리고 특정 영양소의 결핍으로 인한 장애를 일으킬 수 있다. 그러므로 편식을 지도할 때는 다음과 같은 지도가 필요하다.

첫째, 유아의 편식의 원인을 정확히 파악한다. 편식의 원인으로는 불규칙한 식사 시간이나 식사 전의 간식 그리고 식구들의 편식경향 등을 생각해 볼 수 있다. 예를 들면 부모님들과 상담을 하면 "우리 아이는 식사를 잘 안 해요."라는 말을 자주한다. 대상이 되는 유아를 살펴보면 영양실조가 아닌 경우가 많았으며 이러한 상황의 원인은 대부분이 간식을 좋아하는 유아에게서 많이 나타났다. 가장 좋은 해결방법은 식사 이외의 모든 간식을 중지시키고 자신에게 정해진 식사의 양은 반드시 먹을 수 있도록 지도해야 한다.

둘째, 식사 시간을 규칙적으로 정하고 즐거운 시간이라는 인식을 가질 수 있도록 분위기를 조성한다. 나쁜 식습관을 가진 유아의 공통점은 부모가 언제, 무엇을, 얼마나 먹어야 하는지 정해 놓고 유아에게 지시한다는 점이다. 정해진 틀 속에서 강압적으로 식사 지도를 하면 오히려 많은 부작용을 낳게 된다.

셋째, 음식을 이것저것 먹으라고 지나치게 강요하거나 간섭하지 않는다. 부모는 성급한 마음에 유아의 자연스러운 식욕은 무시하고 강요하는 경우가 많다. 그러므로 유아의 미각을 다양하게 개발시키는 방향으로 지도해야 된다.

넷째, 가족이 모두 편식을 하지 않는다는 것을 모범으로 보여준다. 가족만의 식사지침을 세우고 이를 지킬 수 있도록 가족구성원 모두가 노력해야 한다. 또한 유아가 스스로 먹고 싶은 음식의 종류와 먹을 양을 정해 식사 시간이 즐겁도록 분위기를 조성한다.

### ② 비만

유아의 비만증은 가장 흔한 영양장애의 하나로, 에너지 섭취량이 지속해서 소모량을 초과하여 잉여에너지가 지방조직의 형태로 신체 내 피하조직에 과량 축적됨으로서 일어나는 체중의 이상 증가 현상으로 정상 체중의 20%를 넘을 경우를 비만증이라고 말한다.

비만의 특성을 살펴보면, 특정 영양소 및 식품의 과잉 섭취인데, 그 중에서도 소금, 단음식, 지방, 패스트푸트 등 유아들의 기호나 습관 등에 의해서 무분별하게 과잉 섭취하게 된다. 또한 신경성 폭식증이라는 현상이 나타나게 되는데 신경성 폭식증이란 폭식과 이에 따른 부적절한 보상 행동을 반복적으로 나타내는 현상을 말한다.

※ 보상 행동 : 폭식에 따른 체중 증가를 막기 위해 의도적인 구토, 설사제나 이뇨제의 사용, 단식이나 지나친 운동 등 부적절한 행동을 말한다.

지방 위주의 식단과 패스트푸드 과잉 섭취는 비만을 불러올 수 있다

① 정서적 영향

비만은 신체적 고통과 정서적 고통이 함께 공존하는 질병이다. 유아에게 비만은 앞으로 미래에 있어서 사회의 부정적인 태도, 또래들의 놀림 등으로 인한 심각한 사회생활의 장애 일으킴, 이후 청년기 사회생활에까지 심각한 장애를 초래하게 된다. 또 비만은 자아개념 형성에 부정적 영향을 미쳐 체형에 대한 열등감으로 대인관계 장애, 또래 집단으로부터의 소외감 및 불만족 등을 경험하게 된다. 이는 유아교육기관과 사회생활이라는 인간의 생활 중 큰 집단 가운데서 부적응을 뜻한다.

② 신체적 영향

비만은 성인에게도 관절염, 탈장, 고혈압, 심장질환, 당뇨병, 여자의 유방암과 자궁암, 남자의 대장암과 직장암 등 광범위한 신체적 질병과 관련이 깊다. 유아 비만도 이와 같이 유아의 건강에 지대한 영향을 미치는 질병이다. 유아의 성인병 발병을 돕고 유아의 자세에 있어도 허리가 휘거나 다리가 휘거나 하는 상황을 만들어 낸다. 결과적으로 유아 및 청소년기 비만은 치료가 어려울 뿐 아니라 각종 성인병의 원인이 될 수 있으며, 생리적 기능을 저하시키고 일상생활에 불편을 초래하고 성장 발달상 장애를 일으킬 수 있다.

**사례 1 : 건강식품의 과잉섭취**

태어날 때 2.5kg으로 정상보다는 허약하게 태어난 용수는 어렸을 때부터 엄마의 보살핌 속에 유아건강제를 비롯한 여러 가지 건강식과 음식을 두루 섭취하면서 생활해 왔다. 만 3세가 넘어가면서 용수는 다른 아이들보다 체격이 커져지면서 보통이 아닌 아이가 되어가고 있었다. 용수의 키는 여전히 같은 연령의 다른 아이들과 별반 다를 것이 없었지만 문제는 살들이였다. 점점 같은 반 친구들은 용수의 살을 보고 놀리기 시작했고 용수는 점점 유아교육기관을 가기 싫어하기 시작했다. 먹는 양은 엄마가 조절했지만 문제는 용수의 활동량이 부족했다. 전혀 뛰거나 놀러다니는 활동없이 용수는 그야말로 비만에 딱 맞는 아이가 되어버렸다. 용수는 점점 유아교육기관에서 친구들과 멀어지고 혼자있는 시간이 많아지면서 음식과는 점점 더 친한 아이가 되어가고 있다.

**사례 2 : 패스트푸드 과잉 섭취**

식습관이 서양화되면서 자연스럽게 우리들의 식단에도 변화가 생겼다. 연수네 역시 서양화되고 외식문화에 길들어 있다. 일주일에 꼭 한 번씩 연수네는 외식을 하고 거의 연수와 연수형 연호 입에 맞춰 패스트푸드를 많이 먹는다. 처음엔 연수의 몸에 점점 살이 붙었지만 단지 살이 조금 불어났을 뿐이라고만 생각했다.

하지만 햄버거, 콜라, 피자, 통닭 등을 좋아하는 연수는 결국 어린 나이에 당뇨에 걸렸고 이제 그런 것들을 절대 피해야 되는 상황이 되어버렸다. 먹는 것을 좋아하는 연수에게도 잘못은 있었지만 정기적으로 패스트푸드와 단음식을 제공한 부모들의 잘못이 더 크다고 전문가들은 지적한다.

### ③ 비만의 예방책과 해결방안

- 신체적 활동을 하도록 격려한다.
- 작은 그릇에 음식을 담는다.
- 일정한 식사 시간에 적은 양의 음식을 먹도록 한다. 3끼의 식사를 2번의 간

식의 양과 영양소 균형을 미리 계획한다.

- 음식을 벌이나 보상, 달래기 위한 수단으로 이용하지 않는다. 음식이 아닌 보상을 제공한다. 생일날, 명절날, 기타 특별한 날에 특별식보다는 활동에 초점을 두고 기념하는 방법을 계획한다.
- 감정이나 스트레스를 음식에 의지하지 않고 다룰 수 있도록 유아를 돕는다.
- 성인의 식습관과 태도가 유아에게 영향을 미친다는 것을 염두에 두고 성인이 적절한 식생활 습관의 모범을 보인다.
- 편식을 하지 않고 과일, 야채, 고기, 곡식을 골고루 먹는 것이 중요하다.
- 햄버거, 피자, 라면, 만두, 과자 등 패스트푸트, 인스턴트 식품, 가공식품은 피하고 고지방 식품 대신 기름기가 없는 살코기, 생선, 야채 등을 먹인다.
- 나물은 먹을 수 있는 만큼 적당량을 주고, 비타민의 공급원인 김치류는 꼭 포함한다.
- 간식을 줄 경우 과일이나 무가당 주스(딸기, 토마토 등), 수분이 많고 칼로리가 적은 것을 준다. 바나나, 통조림 과일은 고칼로리 식품이므로 제외한다.
- 튀기는 방법 대신 삶거나, 조리거나, 굽는 방법을 이용한다.
- 보통 우유 대신 저지방 우유, 쇼프닝 대신 식물성 기름을 사용한다.

### 3 이식증(pica)

이식증은 흙이나 종이 등 먹을 수 없는 사물을 습관적으로 먹는 경우를 뜻한다. 이러한 행동은 정상적인 행동으로 생각될 수 있지만 경우에 따라서는 위험할 수도 있다. 이러한 행동들이 계속될 경우 유아는 중독을 일으키거나 소화 기관의 장애, 장폐쇄, 치과적 장애를 겪을 수 있다. 생후 1년까지의 유아들은 환경을 탐색하는 주된 방법으로 여러 가지 물체를 입으로 가져가다가 이 행동이 소멸되지 않는 2~3세경이 되어야 이식증을 진단하게 된다. 이식증은 영양실조, 특히 철분이 결핍되어 빈혈증을 가진 어린이나 어른들이 잘 돌보아 주지 않는 어린이, 모성 실조의 어린이 등에게서 많이 발견된다. 이식증이 자주 나타나는 유아는 소아과 또는 소아정신과에서 진찰을 받고 이에 따른 치료가 필요하다.

#### ④ 구토증

구토증은 음식이나 액체를 의도적으로 토해 내는 행동이다. 유아는 씹는 행동이나 의례적인 동작 그리고 손가락을 입에 집어넣는 등 여러 방법을 동원하여 음식을 토해 내는데, 계속 구토를 일으키는 경우 사망에 이르기도 한다.

심리적인 원인이 중요시되므로 애정을 가지고 보살피며 걸쭉한 음식과 구토 억제제를 사용하여 효과를 보며 여러 가지 행동 수정기법도 사용된다.

단순히 식욕이 없는 것에서 더 나아가 극도로 체중 증가를 두려워하며 식사를 거부하는 것을 신경적 식욕 부진증(anorexia nervosa)이라고 하는데, 주로 청소년기 이후에 발생한다.

### (2) 수면 문제(잠투정, 수면장애 등)

수면장애란 수면이 양적 질적으로 방해를 받는 것으로 유아의 경우 밤에 잠을 잘 자거나 깊은 잠을 자지 못하는 것을 말한다. 유아기의 수면장애에는 일반적인 수면장애, 악몽증, 야경증으로 나누어 볼 수 있다.

#### ① 일반적인 수면장애

특별히 악몽증이나 야경증이 아닌 것에도 불구하고 밤에 잠을 못 이루는 아이들이 있다. 이럴 경우에는 행동치료, 정신치료로 아이의 행동을 변화시켜야 하는데 이때에는 천천히 조심스럽게 유아의 심리를 충분히 배려한다.

① 수면일지를 작성한다. (낮잠일지, 취침 전 일지, 야간 수면일지)

유아가 평소에 언제쯤 잠이 드는지, 낮잠은 잤는지, 자는 동안의 모습과 특징은 어떤지 그림 그리듯 일지를 작성한다.

② 하루 일과를 정하고 취침 시간에 적절한 자극을 준다.

규칙적인 생활이 몸에 배어 안정을 찾도록 유아와 함께 하루일과를 정한다. 그리고 처음에는 무리하지 않을 정도의 취침 시간을 정한 후 취침 시간이 되면 부모는 유아에게 애착대상으로 다가가고 자극을 준다.

- 마사지 해주기 : 부드럽게 어루만지는 행위는 엄마와 유아의 긴장을 풀어주고 애착을 형성한다.
- 목욕하기 : 엄마와 함께 목욕을 하면 물놀이 과정에서 유아는 집중된 관심을 받게 된다.
- 책 읽어주기 : 잠자리에서의 이야기 책 읽기는 저녁의 일과 가운데 가장 재미있는 부분이다. 이에 대한 기대는 종종 아이들과 하여금 행복한 기분을 갖고 침대로 달려가게 만든다.
- 노래 및 부드러운 음악 틀어주기
- 위로하기 : 취침 시간은 애정을 주고받는 귀한 시간이므로 잘 자라는 입맞춤과 포옹, 아이를 괴롭히고 있는 문제에 대한 대화는 잠자리에 들기 전에 정서적 안정감을 주는 훌륭한 방법이다.

③ 취침 시간 훈련

앞의 훈련으로 아이가 일정한 시간에 잠드는 것이 적응이 되면 취침 시간을 2~3일마다 15~30분 정도 앞당긴다. 그리고 잘 잔 경우 다음날 아침 반드시 칭찬을 해 준다.

**주의할 점**

벌로 아이를 침대로 보내는 일은 없어야 하며 자기 전에 떠들썩한 놀이는 피해야 한다. 유아가 수면장애를 겪기 이전 부모와의 신뢰와 애착 등을 쌓고 잠자리가 하루의 피로를 풀 수 있는 즐거운 시간이라는 것을 유아에게 인식시켜 기쁜 취침 시간이 되도록 한다.

### ② 악몽증

악몽증은 무서운 꿈으로 인하여 잠을 지속하지 못하고 깨는 장애를 말한다. 3~6세 10~50%까지 유아에게 흔히 생길 수 있고, 여아가 2~4배 정도 많이 나타난다.

#### ① 악몽증의 원인

일생생활에서의 스트레스, 불안, 우울, 죄책감 등과 관련해서 많이 나타난다. 또한, 외상 후 스트레스장애나 고열에 의해서 악몽증이 나타날 수 있다.

#### ② 악몽증의 진단 및 영향

3~6세의 유아 중에서 10~50%는 부모를 괴롭힐 정도로 심각한 악몽을 꾼다. 일단 잠에서 깨어나면 완전한 각성상태로 돌아오며 꿈의 내용을 명료하게 기억한다. 꿈의 내용은 주로 절박한 신체적 위험(추적, 공격, 손상 등)과 관계된 것이나 실제적인 사건과는 무관한 경우가 많다.

악몽은 길고 정교한 꿈속에서 이루어지며 대개 잠을 깨면서 끝나게 된다. 한번 악몽을 꾼 후에는 잠시 잠들기가 어려워 잠을 설치게 된다. 낮 동안의 졸음을 유발할 수 있으며 이는 유아 자신을 무기력하게 함으로 인해 유아교육기관에서 다른 또래들과 정상적인 수업이 어려워진다. 또한 악몽이 심하면 개인에게 심각한 고통을 유발하거나 사회적, 직업적 기능에 장애를 가져오는 경우도 있다.

#### ③ 악몽증 해결방안

유아들에게는 부모의 지지와 위안이 필요하며, 무서운 내용의 비디오 만화책 등은 악몽을 유발할 수 있어 금지시키는 것이 좋다. 악몽을 꾼 아이가 이야기 하고 싶어한다면 그 꿈을 설명하게 하는 편이 좋다. 그리고 꿈은 현실이 아니라고 아이를 위로하고 안심시켜 준다.

사례 3

아이가 잘 자다가도 꿈을 꾸고 일어났는지 온방을 다니며 울어요. 거울을 보면서 울기도 하고 어느 날은 책을 읽기도 하고 엄마 품에 있다가 다시 잠들기도 합니다. 꿈만 꾸면 다행이지만 걱정입니다.

### 3 야경증

야경증은 수면 중 반복적으로 갑자기 깨어나서 소리를 지르거나 우는 장애를 말한다. 주로 4~12세 아이들 중 1~6%의 유아에게서 발생하고 특히 여아에서 흔히 발생한다.

#### ① 야경증의 원인

유전, 중추 신경계 미숙으로 인해서 나타날 수 있으며 또한 스트레스, 공포증 및 불안의 현상과 함께 나타나기도 한다. 고열이 있을 경우 야경증이 나타날 수도 있다.

#### ② 야경증의 진단

수면상태의 첫 3분의 1 시점에서 나타난다. 비명소리와 함께 깨어 일어나 앉아 눈을 크게 뜨고 놀란 표정으로 이불을 잡고 있거나 팔을 내젓거나 주먹질을 한다. 심한 자율신경 항진으로 빈맥, 빠른 호흡, 피부홍조, 발한, 동공확대, 근육긴장도 증가 등의 증세를 보인다.

자다가 일어났을 때 의식은 흐려 있으며, 주위에서 자극을 주거나 제지를 해도 아무런 반응을 보이지 않는다. 이런 상태가 수초에서 수분간(15분을 넘는 경우는 드물다) 지속되다가 다시 잠이 든다. 다음날 아침에 일어나면 지난 밤 증상에 대하여 전혀 기억하지 못하거나 어렴풋이 기억만 할 뿐이다.

만약 야경증이 12세 이후에 시작되었고, 빈도가 잦고, 지속 시간이 길고, 낮에도 증상을 보이고, 몽유병 또는 야경증의 가족력이 없을 경우는 생활 스트레스와 관련될 가능성이 있으므로 숨어있는 병리를 찾아야 한다.

사례 4

초등학생 딸 아이가 가끔씩 자다가 깨서 막 서럽게 울기도 하고, 다른 방으로 돌아다니기도 하고, 중얼거리기도 하고 그런답니다. 얼마 전에는 잠자는 딸 아이 방에 가서 이불을 다시 덮어주고 있는데, 갑자기 침대에서 일어 나면서 "알았어, 알았어." 라고 신경질 섞인 소리로 중얼거리면서 뚜벅 뚜벅 걸어가더니 옆방 러닝 머신 위에 누워서 자는 거에요.

③ 야경증의 해결 방안

가능한 한 평상시대로 유지시키며 육체적 활동 후, 쉬는 시간을 갖게 한다. 가족들에게 야경증은 해로운 것이 아니며 곧 사라질 것이라고 인식시킨다. 아이가 다음날에는 전날 한 것에 대한 기억이 전혀 없다는 사실을 인식해야 하며 어머니와 가족의 반응은 야경증을 한 아이를 놀라게 하므로 안심시켜야 한다. 나쁜 꿈에 대해 너무 극적으로 확대하지 말고 아이와 대화를 나누어야 하며 '엄마가 있으니 안심해라, 엄마가 잘 지켜주니까 염려없다.' 이런 말로 아이의 나쁜 꿈을 엄마와 함께 견딘다는 신뢰를 주어 아이 스스로 안심하도록 해야 한다. 진실을 이야기 한다면 아주 어린 아이도 잘 이해한다. 만약 야경증의 증상과 빈도가 변하거나 3개월 이상 나타나면 의사를 불러야 한다. 아이가 낮에도 잘 울고 조금만 화가 나도 적대감이나 난폭함을 보이면 전문이의 진료를 받아야 한다.

### (3) 배설의 문제

유아기 변비와 설사 및 배변 통제 불능 등이 유아기 배설 문제를 차지한다. 일반적인 배설통제 능력의 발달은 밤의 대변 통제, 낮의 대변 통제, 낮의 소변 통제, 그리고 밤의 소변 통제 순이다. 유아 간 개인차가 크지만 우리나라의 부모들은 배변 훈련을 돌 경에 시작하여 만 2세 전후에 끝낸다.

배설장애란 인지능력, 언어능력 등이 연령에 걸맞게 제대로 성장하고, 연령도 적합한 시기가 되었는데도 불구하고, 대·소변을 가리는 행동에 문제가 있는 경우를 말한다.

배설장애는 유뇨증/유분증 구분, 시간대에 따라 주간성과 야간성, 주야간 복합성 세 가지로 분류할 수 있다.

### 1 유뇨증

#### ① 유뇨증의 정의

만 5세가 되어서도 소변을 적절히 가리지 못하는 장애를 말하며 5세 남아의 약 5%, 여아의 약 3% 정도 발생한다.

#### ② 유뇨증의 원인

유뇨증의 원인은 크게 세 가지로 나누어 볼 수 있다. 유전적 요인은 75% 정도 가장 큰 영향을 미치며, 심리적인 요인은 15% 정도, 불안장애, 수면장애, 지적장애, 정신분열병 등의 복합증상이 10% 정도를 보인다.

#### ③ 유뇨증의 진단 및 경과

만 5세 이후 고의적으로 옷이나 이불에 소변을 싸는 경우로 하루 2회 정도이면서 지속기간이 3개월 이상인 경우가 문제의 대상이 된다. 이때 비뇨기과적인 문제가 동반되지 않는 것이 확인되어야 하며 사회생활에 문제가 야기될 수 있어 또래와의 캠프 등을 가기가 어렵게 되고 이차적인 우울장애가 동반되기도 한다.

유뇨증은 다음과 같이 분류된다.

- 일차성 유뇨증 : 태어나서부터 지속적으로 소변을 가리지 못하는 경우
- 이차성 유뇨증 : 소변을 잘 가리다가 사회 환경적인 스트레스 등으로 다시 소변을 가리지 못하는 경우

**사례 5**

올해 나이 만 6세인 노ㅇㅇ은 남자 아이로 일반 어린이집 종일반에 다니고 있다. 주현이의 가족은 아버지, 어머니와 주현이 이렇게 세 식구이다. 주현이의 부모님은 두 분 다 대학을 졸업하셨고 아버지는 회사원, 어머니는 주현이가 만 6세전까지 집에서 돌보시다가 올해부터 일을 시작하시게 돼서 주현이를 아침 7시부터 저녁 7시까지 어린이집에 맡기게 되었다. 어린이집 생활을 시작하게 된 주현이는 갑자기 교사에게 와서 "내 팬티가 젖었어요"라고 귀에다 조그맣게 속삭였다. 교사는 주현이를 욕실로 데려가 옷을 벗기고 다른 옷으로 갈아 입혔지만 약 1주일 후 이런 일이 다시 일어났고 이런 일이 점차 빈번해져 지금은 매일 2~3번씩 일어난다. 주현이가 전에는 그런 적이 없었기 때문에 교사들은 걱정하였고 "큰 아이는 그렇게 오줌을 싸지 않는다."라고 말해 수치심을 주어 주현이 버릇을 고치려고 애쓴다. 그러나 별 효과가 없었다.

올해 초 주현이의 지능을 검사한 결과 110으로 정상이었고 신체적, 사회적 발달 수준도 다른 아이에 비해 정상이며, 주현이는 초콜릿을 특히 좋아한다.

◀ 진단 ▶

주현이의 경우는 아무 때나 오줌을 싸며 오줌을 싸고 난 후에도 곁에 있는 누구에게든 그 사실을 알리고선 젖은 옷 그대로 있기를 원한다. 새 옷으로 자기 스스로 갈아입을 생각을 안 하며 교사에게 갈아 입혀 달라고 조른다. 주현이의 부모와 면담을 통해 소변을 싸는 횟수가 일주일에 두 번 이상 3달 이상 계속 되었음을 알아냈고 오줌을 싸고 난 후 교사를 찾는 일이 많아졌다고 한다. 그리고 주현이는 정상 유아처럼 3세에 배변훈련을 마쳤고 이전까지 아무 문제가 없었다.

따라서 결론적으로 주현이는 이차성 유뇨증으로서 부모님의 관심 부재로 인한 스트레스가 요인으로 가장 많은 시간을 보내는 어린이집 교사에게 관심을 끌기 위해 하는 행동으로 보여졌다.

### ④ 유뇨증 해결방안

**가. 기초선 설정**

유아가 얼마나 자주 오줌을 싸는지 3일 동안 관찰하고, 매번 오줌싸는 시간을 적어두고 그 때마다 종이에 표시한다. 그 후 일과가 끝나면 도표에 합계를 기록한다.

나. 프로그램 실시

- 부모 교육 : 유아의 문제 행동 원인이 부모에 대한 관심의 부족이기 때문에 부모님께 관심을 가져 줄 것을 부탁한다. 아이가 잠들기 전 함께 놀이를 하거나 동화책을 읽어 주면서 한 시간 이상 함께 시간을 보내도록 한다.
- 유아에게 화장실에 갈 것을 자주 상기 시킨다(정적 강화 사용) : 기초선 자료를 통해 유아가 하루에 얼마나 자주 오줌을 싸는지 알 수 있게 된다. 오줌 싸는 평균 시간을 계산하고 이를 기초로 유아에게 오줌을 눌 때가 되었다고 알려준다. 만약 유아가 평균 1시간마다 오줌을 싼다면 그보다 잦은 30분마다 화장실을 가도록 한다.
- 유아에게 화장실에 갈 시간이라고 말한 다음 유아의 손을 잡고 화장실로 데리고 간다.
- 유아에게 소변을 보기 위해 팬티를 내리라고 한다. 싫어하면 해야 한다고 단호하게 말한다.
- 화장실에서 소변을 보면 칭찬해 준다. 그리고 소변을 볼 때마다 강화물로 좋아하는 먹을 거 등을 하나씩 준다.
- 약 2분이 지나도 유아가 소변을 볼 수 없다면 화장실에 그냥 놔두고 온다. 3~5일이 지나 유아가 화장실에서 정기적으로 소변을 보게 되고, 오줌 싸는 경우가 줄어들면 오줌 누는 시간이라고 알리는 시간 간격을 늘리기 시작한다. 그리고 유아의 오줌 싸는 행동이 감소되면 점차 상기시키는 시간을 제거한다.

다. 오줌을 쌀 때에는 이를 무시한다(소거기법)

만약 유아가 교사에게 오줌을 쌌다고 말하면 다음과 같이 무시한다.

- 아무 말도 하지 않는다. 무관심한 태도로 "네가 옷을 바꿔 입어야 할 것 같

다."라고 말한다.

- 젖은 옷을 넣을 비닐봉지를 유아에게 준다. 그러나 이런 행동은 유아에게 관심을 보이는 행동이므로 가능하면 빨리 건네주고 유아와 함께 시간을 보내지 않는다.
- 유아가 옷을 갈아입으면 젖은 옷을 비닐 봉투에 넣고, 다른 유아 집단에서 놀 수 있도록 유도한다. 오줌 싼 것에 대해서는 언급하지 않는다. 유아가 그것에 대해 이야기하려 하면 어떤 대답도 하지 않는다.

### 라. 행동을 계속 도표에 기록한다.

하루 일과가 끝나면 관찰 기록표에 오줌을 싼 사례의 횟수를 기록한다. 이 자료는 프로그램의 진정상태를 알게 해주고 유아에게 화장실에 가는 것을 상기시키는 횟수를 언제 줄여야 할지 지시하여 준다.

### 마. 추후관리

며칠 동안 오줌 싸는 행동이 멈추게 되면, 그 행동이 변화되었다고 생각할 수 있다. 문제 행동이 없어진 후에는 신호 없이 화장실에 가도록 유도(자연 강화물 : 칭찬, 안아주기)하면서 1개월 동안은 2시간에 한 번씩 유아를 화장실에 데리고 간다. 그러나 유아가 교사의 관심을 끌기 위해 오줌을 싸기 시작했다는 것

#### 주의할 점

유뇨증이 오래되면 수치심과 열등감을 느낄 수 있고 창피한 마음에 대인관계마저 안 좋아질 수 있으므로 열등감을 갖지 않도록 정서적으로 안정시켜 주어야 하며 아이를 야단치거나 다른 사람들 앞에서 농담으로라도 아이가 오줌을 싼다는 이야기를 해서는 안 된다. 오줌을 싸지 않았을 때 칭찬해 주는 것이 백배 낫다. 그리고 아이 주변에 항상 갈아입을 수 있는 옷을 미리 준비해 두고 싸는 즉시 스스로 갈아입을 수 있도록 한다. 또한 깨끗이 씻겨서 지린내가 나지 않도록 하는 것도 중요하다. 또한 아이에게 화장실 가는 시간을 못 챙겨줄 경우 알람 시간을 맞추어 일깨워주는 것도 좋으며 혼자서 쉽게 내릴 수 있는 두꺼운 옷을 입히는 것이 좋다.

을 기억해야 한다. 유아가 적절한 행동을 했을 때 다른 유아에게 하는 정도로 칭찬하고 강화를 준다.

#### 2 유분증

① 유분증의 정의

만 4세가 되어도 기질적인 문제가 없는 상태에서 대변을 가리지 못하는 장애를 가리킨다. 특히 5세 이후 아동에서 1% 정도 나타나고 남아에 많이 발생한다.

② 유분증의 원인

유분증의 원인은 크게

- 유전적인 원인 (15%)
- 심리적인 요인 (75%)
- 장애 요인 (10%)

③ 유분증의 진단 및 경과

만 4세 이후 고의적으로 대변을 적절하지 못한 장소에 싸는 행위가 한 달에 1회 이상 3개월이 넘도록 지속된 경우, 변비가 동반되는 경우가 있다. 또한 약 25%에서 유뇨증이 동반되며 낮에 자다가 나타나기 때문에 현실적인 문제가 더 심각하다. 정서적인 문제가 동반되고 반항성 도전장애, 주의력 결핍, 과잉 운동 증상이 동반될 수 있다. 일정기간 지나면 호전되는 것이 보통이나 가족 문제 등이 심각한 경우 영향력을 줄 수 있다.

## 2) 지적 영역과 관련된 부적응 행동

### (1) 지적장애

지적장애에 대한 정의는 지능 지수가 70 이하이고 동시에 적응 능력이 정상적으로부터 유의하게(보통 2표준 편차 이하) 뒤떨어질 때로 법적으로 규정하고 있다. 미국 정신 지체 협회(AAMD)에서는 지능 지수 70~55는 경도 지체, 55~40은 중등도, 40~25는 중도, 25 이하는 최중도 장애로 구분하고 있다. 하지만 미국교육협회에서는 이러한 통계적인 분류가 교육자의 입장에서는 아무런 도움이 되지 못한다고 보고 75~50까지를 교육 가능급, 50~25까지는 훈련 가능급, 그리고 25 이하는 보호급으로 3단계로 구분하고 있다. 출현율은 흔히 전 인구의 3% 정도로 추정하고 있으나 정의의 변화에 따라 크게 달라질 수 있다.

지적장애아들에 대한 개별화 교육(individualized education) 프로그램은 20세기 초반부터라는 오랜 역사를 가지고 상당히 진보되어 있다. 지적장애아들을 보호된 환경에서 교육하는 것에서 벗어나 최근 이들이 궁극적으로 적응해야 하는 일반 사회에서 교육하고자 하는 탈 시설화, 최소 제한 환경(least restricted environment)에 배치하는 운동이 전개되고 있다.

### (2) 학습장애

1962년에 이르러서야 명칭을 지니게 된 학습장애는 크게 발달적 학습장애(developmental learning disabilities)와 학문적 학습장애(academic learning disabilities)로 구분된다. 6세 이전에 지각, 주의, 기억, 언어 능력 등의 장애로 인해 규준적인 발달과 학습능력에 장애를 나타내는 유아를 발달적 학습장애라 한다. 반면 읽기, 쓰기, 산수 등 학교 교과목에서 장애를 보이는 유아의 경우는 학문적 학습장애라 한다. 다른 신체적인 장애가 없으며 다른 영역과 유의하게 떨어지는 불균형을 보이는 문제 영역을 갖는 학습장애아를 위해 개별화 교육 프로그램이 많이 개발되어 있다.

#### ① 읽기장애

유아는 자연스럽게 읽기에 매력을 느끼며, 우리 사회에서 읽기의 중요성은 다른 어떤 학문적 성공과도 비교할 수 없을 만큼 중요하다. 문자 신호와 메시지에 둘러싸여 있으며 대략 다섯 살 경에 대부분의 유아는 이 신호의 의미를 알고 싶어 한다. 일학년 무렵부터 읽는 법을 배우는 공식적 노력을 하게 되는 데 꽤 많은 소수가 좌절과 혼란을 경험한다. 이 과정에서 읽기 속도와 정확성과 상관없이 수행에서 긍정적 피드백을 받아 만족감을 경험하는 것이 필요하므로 부모역할과 교사의 역할이 중요하다.

#### ② 쓰기장애

유아는 나이에 맞는 문제 해결능력과 뛰어난 언어능력을, 그리고 추리능력을 가지고 있으나, 글로 쓰는 것에 관련한 학습장애를 가지고 있을 수 있다.

유아는 시·운동 능력에서 상당히 취약하여 이것이 쓰기, 도형 따라 그리기, 도형회전능력에 영향을 미친다. 읽기와 수학처럼 쓰기에는 올바른 순서로 기능해야 하는 여러 뇌 영역들이 관여하며, 이 영역들은 어휘, 문법, 손동작, 기억 등을 만드는 기능에서 서로 연결되어 있다.

쓰기장애 유아는 쓰기와 읽기에도 문제를 가지고 있으며, 또한 눈과 손의 협응이 필요한 과제에서도 전반적인 운동근육이 정상적으로 발달했다 하더라도 미세한 시각, 운동, 근육 문제를 가진다. 어떤 유아는 컴퓨터로는 그림과 글 쓰기를 잘할 수 있으나 손으로 쓰고 사물을 조작하는 능력은 아주 많이 손상되어 있을 수 있다.

#### ③ 수 학습장애

수 개념은 무언가를 사려면 돈이 얼마나 필요한지를 알아야 하거나, 사탕이 몇 개 남았는지를 알기 위해 수를 세고 더해야 할 필요가 있을 때 빠르게 변한다. 읽기에서와 같이 알고자 하는 욕구로 유아는 새롭고 어려운 개념을 학습하고, 이 새로운 기술로 조금씩 자신들의 세계를 더 잘 이해하게 된다. 이 결함은 신경 심리학적 발달과 기능에 연관되어 있으며, 결핍이 있다는 것은 수학적 추론과 계산하기의 기저에 있는 정신과정이 덜 발달했거나 손상되었음을 뜻한다. 읽기, 철자 수행과 비교해 수 수행을 못한 유아는 청각적 언어 측정에서는 높은 점수를 받고, 시·지각적이고 시·공간적 측정에서는 낮은 점수를 받는다.

#### (3) 주의력 결핍

약 5%의 취학 연령의 유아가 과잉 행동, 과잉 운동증, 또는 주의력 결핍장애아로 진단된다. 지나친 활동성과 충동성으로 대표되는 이 행동장애는 사춘기 이후 사라지는 경우가 많다. 따라서 8세 이전에 진단을 내린다. 과잉행동은 주의력 결핍의 주요 증상이다. 또한 과잉 행동아는 다른 유아를 때리거나 괴롭히는 행동을 나타내는 경향이 있다.

극단적인 주의력 결핍, 과잉 행동아는 약물 복용으로 치료하기도 하는데, 행동 수정 프로그램과 음식 조정 등이 병행되면 더욱 효과적이다.

### 3) 사회성과 관련된 부적응 행동

#### (1) 고 집

영아가 자신의 이름과 존재를 인식하게 되면서 자기주장도 하게 된다. 흘리면서도 스스로 혼자 밥을 먹으려고 하는 것도 자기주장의 하나이다. 그러나 자기주장이 지나쳐서 고집이 문제가 되는 유아가 있다. 2~4세경의 유아에게 많이 나타나는 이 고집스런 행동은 그 유아에게 필요한 주변 사람들과의 상호작용이나 정보를 차단하는 역할을 하기 때문에 지나친 고집은 고치는 것이 바람직하다. 지나친 고집의 원인은 다음과 같다(김윤옥, 1995).

① 유아에 대한 존경이 부족하다보니, 유아도 남을 고려하지 않은 채 자신의 생각만 주장할 수 있다.

② 유아에게 적절치 못한 것을 요구할 때, 유아는 계속 자기의 행동을 고집하게 된다.

이의 해소 방법은 유아에게 적절한 요구하기, 유아의 발달 수준을 이해하기,

좋은 본보기가 되어주기, 일관성을 유지하기, 방향 제시로서 한계성을 마련하기, 그리고 논리적인 결과 알려주기 등이다.

유아가 원하는 일을 이룰 수 없을 때 다양한 모습으로 자신의 생각을 나타낸다

### 사례 6 : 고집이 세고 행동이 산만해요

(1) 유아에 관한 정보

1 주 호소 내용

또래에 비해 말이 늦고, 3세 이전에 한글을 터득 하였으나, 지금은 알고 있던 글자도 잊어버린 것 같고, 산만하며, 고집이 세고, 경쟁놀이에서 질 것 같으면 놀이를 못하게 훼방 놓는다.

2 유아의 첫 인상

낯선 상황임에도 불구하고 무척 밝은 얼굴로 웃어서 관계형성이 쉽게 되었다. 장난감을 이것저것 가지고 놀았으며 발음이 분명하지 않았다.

3 검사시의 행동관찰

주의가 산만하여 한 가지 놀이보다는 여러 가지를 꺼내어 놓고 노는 편이며, 칭찬받는 것을 무척 좋아하였다. 발음은 명확하지 않고, 언어표현을 할 때도 있지만, 지시 내용을 이해하지 못하여 따르지 못하는 순간도 많았다.

4 발달력

이 아이는 외동아이이며, 운동발달이 대체로 늦은 편이나 1세경 걷기 시작했다. 낮가리기는 다른 유아보다 빨리 시작하고, 편식이 심하다. 세 돌 전에는 어머니와 분리하기가 어려웠으며 3세 이전에는 또래와의 접촉이 전혀 없었다. 유아교육기관을 다녔어도, 양보심이라는 것이 없고, 낮잠을 자지 않는다.

⑤ 부모 양육 태도

어머니의 치마폭에 가두어서 키웠고, 어머니가 원하는 형태로 키우기 위해 애를 썼다고 한다. 어릴 적은 어머니가 요구하는 대로 따랐으나, 지금은 그렇지 않다.

(2) 심리 검사 결과

유아는 나이에 비해 발달이 지체되어 있고 '예'나 '아니요' 같이 간단한 단어로 답하도록 교육을 많이 시킨 것 같다. 반복적인 학습을 통해 높일 수 있는 색깔 변별이나, 사물카드의 이름 맞추기는 어머니의 학습에 의해 효과가 있는 것으로 나타났다.

(3) 제언

부모의 기대를 낮추어 평범한 보통 아이로 키운다면 유아가 갖고 있는 능력을 발휘할 수 있는 기회가 제공될 수 있고, 원만한 대인관계를 위해 언어교정이 필요하고, 또래들과 어울려서 사회성을 발달시킬 수 있는 기회를 갖는 것도 필요하다.

## (2) 사회적 위축

사회적 관계에서 고립되는 사회적 위축에는 회피장애와 분리장애가 있다. 먼저 회피장애 유아는 친구를 사귀는 데서 발생하는 불안 때문에 고립되지만, 일단 사귀었던 또래 관계들은 유지한다. 둘째, 분리장애 유아는 사고 관계에 대한 욕구를 전혀 가지지 않는다(김보경 외, 1992). 비교적 정의가 어려운 장애의 대표적인 것으로 출현율은 연구마다 다양한데, 초등학교 1학년의 경우 1~3%, 취학 전 유아의 경우는 5~28%로 보고되고 있다.

친구들과 자연스러운 관계 형성을 통해서 사회적 위축 현상을 억제시킬 수 있다

또래 간의 접촉을 조장해 주고 영화 등을 통해 모델을 보여주는 것이 효과적이다. 특히 또래 모델에 의한 지도 방식이 효과적인 것으로 보고되고 있다(김보경 외, 1992).

### (3) 품행장애

퀘이(1964)는 파괴적인 행동, 거짓말, 속임, 태만, 싸움, 욕설, 도둑질 등과 관련된 비행을 네 가지 형태로 분류하고 있다. 즉, 비행의 유형으로 사회화된 하위 문화적 비행, 사회화되지 않은 정신병적 비행, 혼란된 신경증적 비행 및 부적절한 미성숙을 들고 있다.

사회화된 하위 문화적 비행 범주에 들어가는 청소년들은 불안증상을 나타내지 않으며 경제 수준이 낮은 집단에서 많으며, 또한 습관적으로 불법 행위를 하는 사람들과 접촉하며 자라는 것으로 나타난다.

그 외의 비행의 경우는 심리적인 문제를 지닌 경우이다. 먼저 비사회적이고 정신병적인 비행 청소년은 집단에 가입하지 않고 단독적으로 공격 행동에 참여하며 죄의식이 부족하다. 혼란된 신경증적 비행은 지극히 불안해하고 위축되며 소심한 경향을 나타낸다. 끝으로 부적절한 미숙자들은 사회적 기능이 부족한 유아들이다. 그들은 환경적인 요구에 대처하는 데 곤란을 느끼는 경향이 있다.

### (4) 공격성

공격성은 품행장애에 포함하는 경우가 일반적이나 유아기에 매우 흔히 나타나는 문제이므로 별도로 나누어 살펴보자. 공격성이란, 의도적으로 타인에게 해를 입히는 것을 뜻한다. 신체적인 것과 언어적인 것으로 구분하기도 하고, 공격자가 무엇인가를 얻기 위해 발생하는 수단적 공격과 타인을 해치기 위한 적대적 공격 등으로 구분하기도 하는데, 많은 경우에 있어서 명확히 구분하기 어렵다.

공격성의 원인에 대해서는 타인을 해치는 욕구가 본능이라고 하는 프로이드의 이론 및 생리적인 소인에 의한 것이라는 이론이 있는가 하면 좌절된 욕구가 공격성으로 표현된다고 보는 욕구 좌절-공격성 이론과 사회적 경험에서 획득한다고 보는 사회 학습 이론 등이 있다. 또한 최근 공격성을 줄이기 위한 인지적인 훈련의 효과를 검증하고 있는 사회 인지 이론도 있다.

욕구 좌절-공격성 이론이나 여러 본능 이론 등을 살펴보면, 내적으로 야기된 공격성은 표출되어야 감소한다고 주장하였으나, 이를 입증할 만한 증거는 제시하지 못하고 오히려 공격성의 표출은 공격성을 강화한다는 결과들이 우세하다. 따라서 공격적인 행동을 대신할 수 있는 문제 해결 방식을 가르치거나 타인의 의도를 선의 또는 적어도 중립적으로 해석하도록 훈련시켜 공격성을 줄여나가는 방식이 연구되고 있다.

### 4) 정서 발달과 관련된 부적응 행동

신경증(neurosis)으로 불리기도 하지만 문제 행동을 세부적으로 기술하지 못하는 특성 때문에 최근에는 불안, 공포, 강박관념, 우울 등으로 좀 더 세분화하여 다루고 있다.

#### (1) 불안장애

오늘날의 현대인들은 학생, 주부, 직장인 할 것 없이 모두가 입시, 경제적 어려움, 자녀 교육, 실직, 경쟁, 과중한 업무 등의 여러 가지 스트레스나 심리적 갈등으로 어느 정도의 정상적인 불안을 안고 살고 있다고 할 수 있다. 불안이 무엇인지 아직 정확히 밝혀내지 못하고 있지만, 현재로서는 불안이란 무엇인가 좋지 않은 일, 두려운 일이 벌어질 것 같은 예상, 이에 동반되는 불쾌감, 그리고 신체적 긴장상태라고 보는 견해가 유력하다. 이 견해에 따르면 불안은 우리의 생각, 감정 그리고 신체 상태와 행동을 모두 포함하는 포괄적인 현상이다. 의학적인 분류 체계에서도 '외형상으로는 평범'하다는 것 외에는 유용한 정보를 별로 제시해 주지 못하고 있다. 출현율은 인구 중 2~3%라고 보고되고 있는데 사회 경제적인 수준이 높은 가정에서, 맏이에게, 그리고 유아에게 충분한 관심을 보이지 않는 가정에서 많이 발생하는 것으로 보여 심리적인 원인론이 우세하다. 그래서 인간은 불안을 경험할 때 자율신경계의 활동이 증가하여 심장이 두근거리고, 가슴이 답답하고, 어지러우며, 땀이 나며, 소변이 마려운 등의 신체적 변화가 일어나고, 안절부절하고 가만히 앉아 있지 못하고 불안감, 공포감을 느끼며 무슨 좋지 않은 일이 일어날 것 같은 생각을 하게 된다. 이와 같은 신체반응은 인간이 위험에 처했을 때 불안이나 두려움을 느끼는 동시에 즉시로 이에 대응해야 하는 조치, 예컨대 도전해서 싸우든지(fight) 도망가든지(flight) 또는 얼어붙어서(freeze) 위기를 모면하고 살아남기 위한 준비와 적응이 그 목적이다. 그러므로 전체적인 불안 반응은 인간이 어떤 위기에 처했을 때 스스로 적응하기 위해 생기는 경고(警告, alarm) 반응이라 할 수 있다. 증세가 점진적으로 나타나며 3세 이전에는 진단을 피하는 것이 좋다고 한다.

### ① 정상적인 불안

정상적인 불안이란 곧 있을 시험을 앞둔 수험생 경우처럼 최근 스트레스를 경험하거나, 갑작스럽게 어떤 병에 걸리게 되어 건강에 위협을 느끼거나, 직장을 옮기는 생활 변화를 경험하게 되거나, 사랑하는 사람과 이별을 하게 될 때 사람들이 보편적으로 겪는 급성의 불안을 말한다. 또 만성적인 질병을 가지거나 경제적 어려움이 계속되는 경우 나타날 수 있는 만성적인 불안도 여기에 속한다.

### ② 병적인 불안

병적인 불안이란 위와 같은 경우에서 불안을 경험하나 이 불안의 정도가 심해 현저한 고통을 느끼거나, 자신이 하고 있는 일을 수행하는 데 많은 지장을 주는 기능장애를 초래하거나, 아니면 위험한 자극이 없거나 스트레스를 주는 상황이 아닌데도 불안 증상을 경험하는 경우를 말한다. 이런 병적인 불안을 특징으로 하는 질환을 불안장애라 부른다.

### (2) 공포

공포는 생활 경험에서 흔히 겪는 일이다. 3~5세경의 유아는 특히 두려워하는 경우가 많은데, 이는 현실적으로 가능한 사물과 환상 속에서만 존재하는 사물 간에 구별이 어렵기 때문이다. 공상적인 동물, 개, 혼자 남게 되는 것 등은 유아가 흔히 두려워하는 것이다. 그러나 매우 과장적이고 만성적인 경우를 공포증이라고 한다. 공포증을 지닌 유아는 두려워하는 사상(事像), 즉 예를 들어 거미, 유괴 같은 것, 길을 잃어버리는 것, 병균, 깊은 물, 낯선 사람, 천둥 등에 대해 상황에 전혀 어울리지 않게 반응한다. 따라서 논리적으로 설득시킬 수 없고 자신의 두려움을 없애고 싶어 하지만 뜻대로 안 되는 것이다.

유아기에 나타나는 공포증의 하나는 학교 공포증이다. 이 경우 유아는 등교를 거부하기 위해 필사적으로 노력하는데, 신체적인 증상(구토, 목통), 울음 등 격렬한 반응을 보인다. 모든 연령에서 나타나지만 특히 여아에게 더 많이 나타난다. 공포증의 원인은 다양한 공포 사상에 대한 과거의 직·간접적인 경험이 원인이 되기도 하고 가족의 생활 문제에 대한 근심과 두려움보다 부모를 잃거나 부모와 떨어지는 것이 더욱 두려워 학교 공포증을 나타낼 수 있다.

### (3) 강박 신경증

많은 유아는 엄격히 지키고자 하는 의례적인 행동을 가지고 있다. 예를 들면, 보도블록의 가장자리를 밟지 않기, 잠이 들기 위해서는 일정한 이불을 덮거나 장난감을 이용하기, 물건의 일정한 배치 등을 고집할 수 있다. 이러한 행동은 사실 매우 흔하며 오랫동안 지속되지만 유아의 정상적인 적응을 방해하지 않을 수 있다. 그러나 약 2%의 유아에서는 보다 심한 형태로 나타나 강박증으로 평가된다. 강박증은 다시 무의식적으로 사고를 방해하는 강박관념과 의식적으로 행해지는 강박행위로 나뉘어진다.

강박관념과 강박행위는 두렵거나 원치 않는 생각이 불안으로 느껴져 이를 감소시키려고 애쓸 때 나타나기도 한다. 일반적으로 강박적인 유아는 정상 이상의 지능을 지닌 것으로 보고된다. 자신의 잘못에 대해 지나친 죄의식을 느끼며 환상의 잘못을 만들어 내기도 한다. 더욱이 이들은 부모에 대해 공격성을 많이 표출하고 가족 중 누군가가 신체적인 질환이나 강박 신경증을 보이는 가정에서 흔히 나타난다.

치료법으로는 행동 수정기법이 사용되고 있는데 스텐리(Stanlet, 1980)는 강박 반응 금지와 적절한 반응 강화를 통해 2주일 만에 성공적으로 치료한 사례를 보고하기도 하였다. 8세 된 여아가 옷을 입고 벗기에 앞서 베개를 세 번 부풀리는 강박 행위를 한 번으로 줄이도록 지시하고 그럴 경우 칭찬해 주게 하였다. 그 후 모든 강박 행위에 대해서는 강화를 주지 않고 무시한 결과 치료가 되었다(강위영·윤점룡, 1996).

### (4) 우울증

우울증은 영아기와 중기 유아기에서 가장 많이 일어난다. 이 두 기간의 열쇠는 상실에 한 반응으로 간주되어 진다. 이 상실은 사랑하는 사람을 상실하는 것과 함께 자기 가치감을 상실하는 것이다. 또 이 상실을 통해 분노와 불안과 밀접한 연결이 되지만 반드시 그런 것은 아니다.

#### 1 우울증의 종류

① 급성우울증

발병 전 양호한 생활을 한 유아에게서 나타나며 이 경우 부모의 상실과 같은 돌발적 생활사건의 반응으로 생긴다.

② 만성우울증

발병 전 양호하지 못한 병력을 가진 유아에게서 잘 나타나며 이 경우 한 가지 돌발사건보다는 빈번한 상실이나 분리를 오랫동안 경험한 유아에게서 나타나기 쉽다. 행동주의적 이론과 정신역동적 이론들은 우울증의 가장 중요한 원인을 격리와 상실이라고 강조하나 유아기 우울증의 원인과 진단에 대해서는 아직도 성인의 경우와 무엇이 어떻게 다른지 등의 논쟁이 계속되고 있는 중이다. 심한 우울증 유아에 관한 자료는 많지 않으나, 그들의 부모가 위축되고 불안한 경향이 있는데는 공통적이다. 일반적으로 그들 부모 중 적어도 한 명은 지속적으로 정서 교란을 나타냈고, 우울증에 걸린 어머니들로부터 양육된 아이들은 처음 12개월 동안은 안정되고 정상적인 것처럼 보이나 18개월 쯤에는 불안정한 애착을 보이게 되고 정상적인 어머니에게 양육된 아이들보다 우울증과 유사한 증상이 더 잘 나타나는 경향이 보인다.

### 2 우울증의 특징

① 우울증은 대부분의 사람들이 경험하는 정상적인 현상, 즉 실의, 절망, 식욕 상실 등의 반응을 나타낸다. 하지만 정신병리는 강도, 지속성, 극단적 사례에서의 부적절하고 기이한 행동이 있을 때를 말한다.

② 유아기 우울증의 증후군은 정서, 동기, 신체 및 운동기능, 인지 등의 변화를 초래한다.

③ 우울증을 정의하는 증상의 집합이 나이와 성별에 따라 다르게 조직된다.
(예 자살에 관한 말과 우울증상의 관련은 6~11세 때는 관련이 있으나 4~5세 때에는 관련이 없다.

**사례 7 : 잠시도 가만히 있지 못합니다**

(1) 유아에 관한 정보

1 주 호소 내용

잠시도 가만히 있지 못하고, 거친 말을 많이 하며, 거짓말을 많이 한다고 하고, 위험한 놀이를 많이 한다고 한다.

2 유아의 첫 인상

검사실에 들어와서 검사자의 지시대로 의자에 앉아 검사에 임했다. 매우 얌전하며 긴

시간 동안 검사자의 지시를 잘 따르고, 검사에 흥미를 보였다.

③ 행동 관찰

검사과제들에 흥미를 보였고, 잘 모르는 과제가 제시되면 검사자와 함께 답을 알아본 다음에 다음 과제로 넘어갔다. 유아는 검사에 적극적이었으며 신중히 임했다.

④ 발달력

친구와의 싸움이나 과격한 행동 때문에 다른 유아에게 방해가 될 것 같아 걱정하고 있다. 지금은 학기 초보다 많이 나아진 것 같으며 본 유아는 한 학급에서 1~2명 있는 설치는 유아에 속한다. 지시를 한 번 해서는 듣지 않는다. 친구를 좋아하기는 하지만 친구와 함께 오래 놀지를 못한다. 한번 싸운 유아에 대해서는 두고두고 비난의 말을 한다.

⑤ 부모의 양육태도

어머니는 유아를 때리지 않는다. 그러나 한 번은 집에 있는 돈을 가지고 오락실에 가는 일이 있었다. 그래서 야단을 쳤더니 처음에는 변명을 하고 거짓말을 하며 그 순간을 벗어나려고 해서 어머니가 아이와 행동을 함께 하였다.

### (2) 심리 검사 결과

유아의 지능은 약간 지체된 것으로 평가되며, 지식이나 계산 능력, 언어검사는 다른 영역에 비해 지체되는 것으로 나타났고, 동작선 검사에서 미로 문제에는 강점을 보였으나 통합된 두뇌기능을 요구하는 활동에는 어려움이 있었다. 환경과의 접촉이 마음에 내키지 않고, 융통성이 없다. 고집이 세고 의존적 경향이 있다.

### (3) 제언

이 유아는 지적발달보다 정서발달이 더 미숙한 것 같다. 강제적인 학습으로 인해 수업에 재미를 느끼지 못하는 것 같다. 그래서 유아가 자신의 감정을 표현할 수 있는 분위기를 만들어 주고, 어머니가 객관적인 입장에서 유아를 이해해 준다면 공격적인 행동은 줄어들 것이라는 생각이 든다.

## 5) 유아의 정신장애

### (1) 유아기 반응성 애착장애

반응성 애착장애는 5세 이하에 발생하며, 가족 등 주변 사람과 관계를 맺는 데 지속적인 장애를 보이고, 사회적인 상황 전반에 걸쳐 발생한다. 반응성 애착장애아는 치료자와는 상호작용을 할 수 있어 자폐 유아보다는 사회적 상호작용이 좋다. 그러나 언어장애유아보다는 공격성, 충동성, 반항성 등의 행동 문제가 두드러진다. 1980년도에 이르러서야 진단명을 지니게 되었다는 사실에서 알 수 있듯이 많은 연구가 축적되지 못하였고, 진단의 모호함 등이 문제가 되고 있으나 점차 많은 유아에게서 발견되고 있으므로 치료 프로그램의 개발이 시급히 요구되고 있다.

애착이란, 보울비(Bowlby, 1958)가 영아기의 모성결핍의 영향을 논의하면서 사용하기 시작한 개념으로 아기와 초기 양육자 간의 정서적인 유대를 뜻한다. 애착은 유약한 어린 개체가 생명을 보존하고 안전을 유지할 수 있도록 도와주는 기능을 하기 때문에 본능적으로 지니고 있다고 보는 생물학적인 이론과 구강의 자극이나 배고픔을 달래 주는 기능 때문에 출생 후 학습된다고 보는 이론 등 다양한 설명이 있다.

아기의 애착 반응은 생후 초기부터 똑같이 나타나는 것은 아니고 몇 가지 단계를 나타낸다. 생후 2개월까지는 사람에 대한 특별한 선호를 보이지 않다가 2개월에서 6개월 사이에는 흥미로운 장난감이나 자극보다 사람을 더 좋아한다. 그러나 이때까지도 주된 양육자인 어머니에게만 더욱 강한 애착을 나타내지는 않는다. 6개월 이후에는 양육자에 대해서는 강한 선호를 나타내지만 다른 사람들에 대해서는 배타적이면서 부정적인 감정을 표현한다. 8개월에서 12개월 사이에는 낯선 사람에 대한 강한 거부감을 보이며 애착 대상자에 대해서도 격리 불안을 나타낸다. 이렇듯이 연령별로 단계를 거치는 것에서 지적인 발달 수준과 애착과도 밀접한 관계를 지니고 있는 것으로 파악된다. 또한 유아는 주된 양육자에게 애착을 보이는 시기가 되면 아버지나 다른 가족에게도 애착을 보이며 2~3세까지도 어머니와 떨어질 때 두려워한다.

애착 발달은 유아에게 정서적인 안정감을 주어 타인과의 교제를 도와주며 또한 주변 사물을 탐색하여 지적인 발달을 도모하는 데에도 도움을 준다. 보울비는 영아기 초기의 애착 상실이 성장 후의 정서 발달에 치명적인 손상을 초래하여 우울, 비행 등으로 이어지며 신체적으로도 성장 실패, 왜소증 등을 낳는다고 주장하였다. 그 원인은 대부분 부모-유아-가족의 역기능적인 상호작용의 결과로 본다. 따라서 여러 가지 측면에서 위험군에 속하는 부모를 위하여 지지적 개입 프로그램과 부모-자녀 심리 치료 프로그램이 도입되어 효과를 보고 있다.

### (2) ADHD

#### ① ADHD의 일반적 이해

약 50%는 학습장애를 가지는데 주로 읽기, 쓰기, 산수 등에서 나타난다. 또한 약 50% 정도는 만 4세 이전에 발병되는 것으로 보고되고 있으나 대게는 유아교육기관이나 학교입학과 함께 행동상의 문제가 뚜렷이 드러난다.

멘델슨(Mendelson, 1971)은 청소년기에는 약 70~80%에서 증상이 지속되었고, 26%에서 반사회적 행동이 관찰된다고 하였다. 스튜어트(Stwart, 1973)는 50%에서 참을성이 없고 충동적이며, 약 40%에서 만성적인 거짓말, 싸움질, 욕설 등의 행동장애가 뚜렷하였고, 31%에서 도벽이 문제가 되었고, 성인에게는 여성의 유병률이 남성보다 높게 나타난다고 하였다.

한때 이 장애는 유아들이 청소년기에 들어서면 해결된다고 생각하였다. 그러나 비록 활동 수준이 청소년기에 줄어들어도, 주의 산만과 집중의 문제, 안절부절함은 계속된다는 후속 연구가 있었다. 실제로 반사회적 행동이 소수에게서 발견된다. 비록 이 장애가 연령에 따라 변화될지라도, 장기적으로 볼 때 이런 유아들이 보여주는 문제들은 성인기까지 계속 지속이 된다.

10대에 접어들면 ADHD 유아의 25% 정도는 정상발달로 되돌아가지만, 75% 정도는 학교, 사회, 가정에서 지속적인 부적응 현상, 특히 가족 간의 갈등이 책임감 회피, 과제불이행 등으로 증폭되고, 30% 정도가 고등학교 진학에 실패하며, 대다수 ADHD 유아가 대학 진학에 실패할 경우가 많다고 보고되고 있다.

ADHD문제를 지닌 유아들의 약 60% 정도가 청년기나 성인기에도 어느 정도의 문제 증상을 지니게 되는 것으로 알려져 있어, 적절한 약물치료, 교육적 조치는 늦어도 청소년 초기 이전에 이루어져야 한다. ADHD 유아가 성인이 되면 50% 가량이 불안, 우울 등의 정서적 문제, 반사회적, 취업상의 문제를 일으킨다. 장기연구에 의하면 자살과 사고사의 비율이 일반인보다 높으며 직장을 가질 경우도 일의 성과와 승진이 뒤지는 것으로 알려져 있다. 또한 성인기의 충동적인 행동은 차 사고를 많이 낸다거나 한 직장에서 근무하지 못하고 직장을 자주 옮기는 행동으로 표현될 수 있다.

### ② 각 시기별 ADHD

#### ① 유아기 : 유아의 기질적 측면

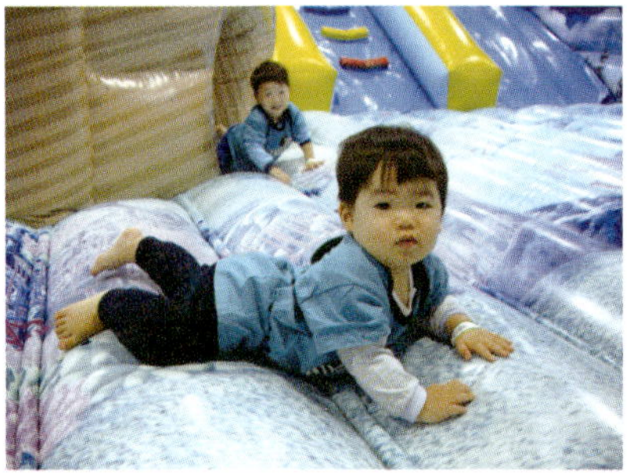

- 과제를 지속적으로 하지 못한다.
- 계획에 따라 계속적으로 활동하는 것이 어렵다(잠자기와 먹기).
- 자극에 대한 역치 수준이 낮고 변경된 계획에 적응하기가 어렵다.
- 매우 활동적이다.
- 과민하다(예 킥킥거리며 웃거나, 컥컥 소리를 내기보다는 울며 보챔).
- 요구에 불복종한다.
- 용변 훈련에 어려움이 있다.
- 신경질적인 반응이 증가한다.

② 학령전기

- 높은 활동 수준을 보인다.
- 요구에 불복종한다.
- 주의집중 시간이 짧다.
- 쉽게 산만해진다.
- '분별없이 무모한' 행동(다치기 쉬운 행동)을 한다.

③ 초등학교 시기

- 주의집중 시간이 짧다.
- 학업에 집중하거나 끝을 맺지 못한다.
- 충동성/자기 통제력이 결여되어 있다.
- 과제 이탈 행동이 매우 빈번하다.
- 품행에 있어 문제 행동이 증가한다.
- 정리·정돈을 잘하지 못하며 지저분하다.

### (3) 유아기 정신분열증

유아기 정신분열증은 출생 후 정상적인 발달을 한 뒤 점차 사회생활로부터 괴리를 나타내고 위축되며 강박 의식, 공포증, 과잉 행동 등 문제 행동을 나타낸다. 더욱 심하면 환각 증세나 착란 증세를 보인다. 유아 10,000명당 3~4명에서 나타나는 것으로 알려져 있는 정신분열증은 보통 30개월 이후에 시작되는 것으로 알려져 있다. 여아보다 남아에게서 1 : 2 정도로 많이 나타난다. 원인에 대해 논쟁이 많지만 생리적인 요인과 환경적인 스트레스 모두가 관련되어 있는 것으로 보는 것이 타당하다. 약물 치료가 실시된 이후 치료의 변혁을 맞이하고 있다.

### (4) 유아기 및 아동기 자폐증

1943년 캐너(Kanner)에 의해 처음 논의된 자폐증은 반향어(echolalia)와 같은 언어장애와 지체, 자해 행동 및 사회적 상호작용의 결함, 그리고 동일성 유지성향 등이 특징이다. 주위 사람에게 관심이 없고 거의 말을 하지 못하며 다른 사람이 한 말을 되풀이한다. 또한 출현율은 정확히 밝혀져 있지 않으나 미국 자폐아협회(The National Society for Autistic Children)에서는 50% 정도로 추정하고 있다.

병원학과 관련하여 초기에는 부모의 냉담한 태도가 자폐증의 주요 원인으로 여겨졌으나 최근에는 생리적인 이론이 주목을 받고 있다. 왜냐 하면 이들의 부모에 대한 조사에서 정상 아동의 부모와의 차이를 발견할 수 없으며, 또한 남녀간의 발생 비율이나 특징적인 증상이 공통적이라는 점은 신경학적인 손상이 있다는 증거로 받아들여지고 있기 때문이다.

형식적인 평가와 집이나 학교에서 얻은 비형식적인 평가 자료를 종합하여 최적의 개별화된 치료 교육 프로그램을 개발해야 한다. 우리나라에서는 부모 면접용으로 개발된 이화-자폐 유아 행동 발달 평가 도구(Ewha-Checklist for Autistic Children)가 사용되고 있다. 이것은 초기 면접 시 주의 산만이나 저항 등으로 검사 실시가 어려운 유아를 대신하여 양육자가 짧은 시간 안에 평정하는 도구로서 간편히 쓸 수 있다.

개별화 교육으로 고도로 구조화된 발달 치료적 학습 접근법이 성공적인 치료효과를 나타내고 있다. 음악 치료, 부모 참여, 선택적 의사 소통법, 그리고 지속적인 개별화 평가와 계획 수립 등 종합적인 특수 교육이 필요하다(강문희 외, 1997).

### 6) 기타 행동장애

앞에서 언급되지 않았지만 일반 유아가 성장 과정에서 일시적으로나마 나타내거나 비교적 많은 유아에서 발견할 수 있는 행동 문제를 살펴보자.

### (1) 조음장애 및 말더듬기

유아기에 유아가 정확한 발음을 내지 못하는 조음 장애나 말을 더듬는 경우가 많다. 따라서 어느 시기부터 언어장애로 진단할 것인가에 대해서는 논란이 있다. 조음장애의 경우 일반적으로 만 5세 이후에도 발음에 문제가 있다면 먼저 청각적인 문제가 없는지 살펴보고, 유아가 올바른 언어 자극을 많이 접할 수 있도록 환경을 조성해 주면서 언어 치료를 받도록 한다. 말더듬기는 언어장애 중 가장 빈번한 것으로 기질적인 요인과 심리적인 원인이 모두 지적되고 있다. 그러나 우반구(뇌의 오른쪽 부분)의 문제나 기타 다른 기질적인 원인보다는 유아가 언어 획득 초기에 보이는 잘못된 습관이 불안과 연결되면서 병적인 상태에 이르는 경우가 많다. 따라서 일부 학자는 유아가 말을 더듬는 이유는 유아의 입이 문제가 아니라 부모의 귀가 문제라고 주장한다.

### (2) 틱 행동

틱(tic)은 비자의적으로 반복적인 근육 경련을 하는 것을 말한다. 그 종류는 욕을 계속 내뱉는 경우, 얼굴을 찡그리는 경우, 눈을 깜빡이는 경우, 어깨를 움찔거리는 경우 등 다양한데, 시간이 갈수록 일종의 반사처럼 고착되어 2차적으로 신체적인 문제로 나타나게 되고 열등감과 정신적인 문제로도 나타나게 되므로 가능한 한 빠른 시기에 치료한다.

틱 행동이 나타나는 원인들은 다음과 같다.

① 심한 구속과 속박을 받을 때 자신에게 끊임없이 계속되는 금지, 비난, 경고, 잔소리를 듣게 되면, 그 훈육에 억눌려 틱이 나타날 수 있다.

② 움직이고자 하는 충동이 억눌려 있다가 분출될 때 틱으로 나타나기도 한다.

③ 급작스럽게 관심을 잃거나 애정 부족을 느낄 때에 나타나기도 한다.

틱 행동의 해소 방법은 자발적으로 행동하게 하고 정신적인 긴장을 풀어주는 일이다. 일반적으로 틱 행동 자체에 관심을 두면 증세가 더욱 악화되므로 틱 행동은 무시하면서 관심과 애정을 표시하여야 한다.

### 사례 8 : 틱이 심해요

#### (1) 유아에 관한 정보

① 주 호소 내용

틱이 심하고, 가게에 물건을 사러 혼자 가지를 못하며, 대인관계가 원만하지 않다. 주의 집중이 되지 않으며, 오락기 조작하는 동작은 대단히 빠르다.

② 유아의 첫 인상

유아는 위축되어 있었고, 검사자의 지시를 잘 따랐다. 말소리가 작았으며 검사자의 지시에 답변하는 것 외에는 전혀 말이 없었다.

③ 행동관찰

많이 위축되어 있고, 다리를 계속 흔들었으며, 의자에 차분히 앉아 있지 않는 등의 행동을 보였다. 질문에 대해 이해하지 못하면 입을 다물고 말을 하지 않으며 시선을 피하였다.

④ 발달력

4개월 정도에 자신의 성기를 만지고 냄새 맡는 행동이 나타났으며, 눈 깜빡이기 틱 증세가 나타났다. 물건을 부수는 행동이 심해서 정신과에서 약을 먹은 후에는 편안해졌다. 1개월 정도 복용 후 끊었는데, 다시 어깨를 들썩이는 행동이 생겼고, 물체를 만진 다음 손가락을 코에 대고 냄새를 맡는 행동이 자주 나타난다.

⑤ 부모의 양육태도

어머니는 유아가 어릴 때, 남에게 피해를 주지 않기 위해 유아가 행동하는 것을 많이 자제하고 키웠다. 주인집의 눈치를 보느라 유아의 행동을 지나치게 많이 억제했다고 한다. 아빠의 사업실패로 한 방에서 4식구가 기거하면서 큰 소리가 많이 있었다. 결국 어머니는 정신병원에서 약을 먹게 되었으며, 현재는 유아도 함께 정신병원에 다니고 있다.

#### (2) 심리검사 결과

유아의 지능은 보통 수준이다. 자신감이 결여되고 위축된 것으로 보였다. 신경질적인 행동을 많이 보이는 것으로 보아, 불안한 상황이 있는 것 같고, 미로과제에서 높은 점수를 보였지만, 검사상의 관찰에서 필압이 강하고 그리는 속도가 빠른 것으로 보아 충동성이 있는 것으로 보인다.

(3) 평가

정서적인 면에서는 외부 자극 상황에 대해 위축이 심하며 자신감이 결여되어 있는 듯하다. 그러나 유아는 내적인 충동성이 강하지만 이것을 억제하고 있는 듯하며, 이로 인해서 유아는 자기 자신에 대한 공격과 자책이 강한 것으로 보인다.

(4) 제언

유아는 위축이 심하고 자신감이 결여되어 있으므로 가정에서는 유아에게 격려와 칭찬을 아끼지 말고 자신감을 느낄 수 있도록 기회를 만들어 주는 것이 좋다. 어머니의 문제가 가정의 분위기를 긴장되게 만드는 것 같으므로, 어머니의 치료가 급한 것 같다.

### (3) 거짓말하기

발달 과정의 유아는 현실과 공상을 구분하지 못하는 경우가 많다. 또한 언어 표현능력이 제한되다 보니 엉겁결에 튀어나온 말이 거짓말이 되기도 하고 시·공간 개념이 부족하여 거짓말을 하게 되기도 한다. 이러한 거짓말은 성장 과정에서 점차 사라지게 된다. 그러나 주변 인물의 거짓말하는 습관을 모방하거나 벌에 대한 두려움에도 거짓말을 하는 경우가 있다. 유아가 어떤 경우에 거짓말을 하는지 관찰하고 그 원인에 따라 대처해야 할 것이다.

### (4) 훔치기

도벽이 있는 유아는 일반적으로 거짓말 등 다른 문제 행동을 복합적으로 가지는 경우가 많다. 따라서 유아에 대한 전체 문제를 파악하여 접근해야 한다. 또한 그 원인을 어떤 물건이 꼭 갖고 싶거나 필요해서인지, 아니면 죄의식 없이 훔치는 것인지 파악하여야 한다. 전자의 경우에는 필요한 물건을 정당하게 얻는 방법을 행동 수정의 여러 방법을 사용하여 치료한다. 남을 의식하지 않고 습관적으로 훔치는 경우는 심층적인 정서 불안과 갈등이 원인이라고 판단되며 전문가의 치료를 받는 것이 좋다.

### (5) 집단 활동 방해 : 교실에서 소란을 피우거나 뛰어다니는 유아

과잉 행동아는 주의 장애와 함께 나타나는 경우가 많지만 과제 수행에 필요한 주의상의 문제는 없으면서 충동적이고 행동반경이 지나치게 크고 많은 경우가 있다. 자기 통제 시 강화를 통해 질서를 지키도록 유도한다. 유아가 쉽게 처리할 수 있는 과제를 주어 과제에 흥미를 갖게 유도하며 근육 운동을 시켜 경직된 신체를 이완시키는 등 다양한 접근법을 취할 수 있다. 또한 스스로 말로 자기 통제를 할 수 있도록 한다든지, 힘이 넘쳐서 앉아 있을 수 없는 경우에는 일어서서 책을 볼 수 있는 설치를 하는 경우도 있다. 피로할 때 과잉 행동을 보이는 경우가 있으므로 충분히 휴식을 취하게 하는 것도 좋다.

## 2. 부적응 행동의 지도기법

레들(Re이)과 봐텐베르크(Wattenberg)는 효과적인 집단행동 통제기법을 자기통제의 지원(supporting self ~ control), 상황적 원조(situational assistance), 현실과 가치 평가(reality and value appraisal)의 3측면으로 나누어 정리하였다. 여기서는 그들이 언급한 순서에 따라 간단한 예를 들어가면서 고찰하려고 한다.

여기에서 여러 가지 기법을 제시하기는 하나 엄밀한 의미에서 모든 상황에 적용할 수 있는 기법이란 아무것도 없다. 그렇기 때문에 유아들 수준에 가장 적절하다고 느끼는 것, 또는 교사 자신이 편하게 적용할 수 있는 기법을 골라 사용하는 것이 바람직하다. 또한 교사 자신이 여기에 다른 생각이나 기법을 첨부시키면서 항상 효율적인 집단행동 통제기법을 개발·활동하는 자세를 견지해야 한다.

### 1) 자기 통제의 지원

유아들이 스스로 훈육할 수 있는 능력을 개발하여 스스로 잘못된 행동을 고치고 좋은 행동 습관을 기를 수 있도록 격려하는 것이 무엇보다 필요하다. 유아들이 스스로 훈육할 수 있게 하는 제안들을 살펴보면 다음과 같다.

#### (1) 신 호

가끔 미묘한 신호를 보냄으로써 문제 행동이 싹트지 못하게 할 수 있다. 신호가 성공적으로 전달될 때 유아에게 스스로 훈육하도록 유도할 수 있게 될 것이다. 그러나 이 방법은 너무 자주 사용하지 말아야 한다. 이 방법은 문제 행동의 초기 단계에서만 효과적이다.

예 ① 헛기침을 한다.
② 문제 행동을 야기하는 유아를 주시한다.
③ 말을 하다가 도중에 멈추고 응시한다.
④ 옳지 않다는 것을 나타내는 뜻으로 고개를 흔든다.
⑤ "누군가가 집중할 수 없게 만들고 있다."라는 식으로 말한다.

#### (2) 접근 통제

문제를 일으키는 유아에게 다가간다. 이는 신호를 좀더 명확하게 나타내는 것이다.

예 ① 걸어가서 유아 옆에 선다.
② 어깨에 가볍게 손을 얹어 준다.
③머리를 가볍게 쓰다듬어 준다.
④ 등을 가볍게 두드려 준다.

### (3) 관심을 고조시킴

초기의 문제행동에 관심을 나타낸다. 이 방법은 "수업과 관련시켜 신호를 보내는 것이다.

예 ① 수업과 관련되는 것을 유아에게 질문한다("은실아, 듣고 있니?" 또는 "은실이는 이렇게 생각하지 않아?")

② 유아가 하고 있는 것을 다가가서 살펴본다. 그리고 그것에 대해 관심을 보이고 계속적인 노력으로 격려하면 더욱 효과를 높이는 경우가 종종 있다.

### (4) 유 머

유머는 가장 훌륭한 기법으로 특히 긴장된 상황에서는 가장 효과적인 기법이다. 그러나 가시 돋친 것이 아니라 부드럽고 자애로운 유머여야 한다. 빈정댐과 비꼬는 것은 피해야 한다.

예 "만호야, 제발 불쌍한 연필을 혼자 있게 해라, 지금 그것을 그렇게 하니까 연필이 신음하는 소리가 내 귀에까지 들린다."

## 2) 상황적 원조

유아들이 학급의 학습활동에 전념할 수 있도록 도와주려면 여러 가지 상황으로 인해서 생기는 문제점을 사전에 준비하여 다루는 것이 좋다.

### (1) 장애를 극복하도록 도와줌

어떤 문제 행동은 유아들이 스스로 해야 되는 것을 확실히 이해하지 못하거나 또는 과제를 수행할 능력이 부족하기 때문에 발생한다. 이와 같은 문제 행동을 감소시키는 데 있어서 지루함이 문제 행동의 원인인 경우는 이미 언급한 바 있다.

예 ① 유아들이 무엇을 하도록 되어 있는지 스스로 확실히 알도록 한다.
② 적절히 어려운 수준의 것으로 유아들이 할 수 있는 것을 마련해 주도록 노력한다.
③ 이용할 수 있는 다양한 활동을 준비한다.

### (2) 일상적인 일의 구조화

학급의 문제나 집단의 어려움들은 단순히 유아들이 자신에게 무엇을 기대하는지를 명백하게 구조화해 놓지 않았기 때문에 발생되기도 한다. 따라서 감금된 듯한 교실 상황에서 이러한 이유로 야기되는 문제를 줄이려면 일정한 일상 과제를 학급 규율의 일부로 명백한 체계를 지닌 활동처럼 구조화하는 것이 바람직하다.

예 "은실아, 밖으로 나가 물을 마시고 오거나, 운동장을 한 바퀴 돌고 5분 정도 뒤에 들어오는 것이 좋겠다."

### (3) 제 지

다른 유아들에게 위험할 정도로 자신을 통제하지 못하는 유아의 몸을 움직이지 못하게 제지해야만 되는 경우가 있다. 그러나 이때 제지하는 것은 처벌이 아니라 보호적인 의미에서 이루어져야 한다. 즉, 붙들고 흔들거나 구타해서는 안 된다. 이 방법은 어린 유아에게 가장 효과적이다. 유아가 교사보다 크거나 힘이 셀 경우는 경솔한 방법이 될 수 있다. 고등학교 같은 경우 교사가 학생보다 크고 힘이 세다고 해도 이 방법은 그렇게 좋지 않으며 대개는 중학교 수준에서도 적합하지 않다.

예 한 소년이 매우 화가 나서 다른 유아를 때리려 한다면, 그를 부드럽게 그러면서도 엄격하게 다른 유아들로부터 떼어 놓고 그를 의자에 앉힌 다음 그의 어깨에 손을 얹어준다.

#### (4) 유혹적인 물건의 제거

어떤 물건 또는 친구가 한 유아를 너무 유혹하고 있다면, 이때 적용할 수 있는 가장 현명한 방법은 그 유혹물을 유아 뒤에 놓는 것이다.

예 한 유아교육기관 유아가 전자오락 기계, 그림책, 장난감 같은 것을 만지고 노는 데 열중해 있다면 그것을 잠시 빼앗아 보이지 않게 뒤에다 놓는다.

#### (5) 미리 예상하여 계획함

특별히 문제 행동을 야기시키는 데 기여하는 학습 상황도 있다. 예를 들어 유아가 장난칠 수 있는 기회를 많이 내포하고 있는 활동이 있다. 이럴 때는 시간 전에 수업을 준비시키고 통제의 필요성을 강조해 두는 것이 바람직하다.

예 유아교육기관 유아들이 방송국을 견학하려고 한다면 미리 주의 사항을 일러 주고 중요한 것은 자세히, 그리고 반복하여 강조한다.

### 3) 현실과 가치평가

앞에서 언급한 기법들은 모두 예방책에 속한다고 할 수 있는데, 여기서 말하고자 하는 기법들은 예상뿐만 아니라 좀 더 건설적인 행동을 격려하는 기능을 포함하고 있다. 레들과 바텐베르크가 지적하였듯이, '교육 목표 중의 하나는 맹목적인 충동, 공포, 또는 편견 따위보다는 지성과 양심에 의해 인도될 수 있는 영역을 증가시키는 것이다.' 여기서 소개되는 기법들은 유아들의 정의감에 호소하고 또한 그들 행동의 결과에 대해 생각해 보는 능력을 강화시킬 수 있도록 돕는 것들이다.

#### (1) 직접적인 호소

행동과 그 결과의 관련성을 적당한 때에 지적한다. 자신들의 행동에 대한 결과가 어떻게 나타날 것인가를 미리 알 수 있도록 지도하는 것은 교육적으로 좋은 결과를 초래하게 된다. 직접 호소하는 것은 간결하게 하고 또한 자주 사용하지 않는다면 매우 효과적이다.

예 "모두들 조용히 하면 이 일을 좀 더 빨리 끝내고 나가서 놀 수 있을 것이다."

### (2) 비평과 격려

때로는 특정한 유아를 비평하는 것이 필요할 때도 있는데, 이런 경우에는 개별적으로 불리서 비평하는 것이 바람직하다. 그리고 다른 유아들에게 본보기를 보여주기 위한 상황이라서 공개적인 꾸중을 하는 경우도 종종 있는데, 이런 때는 유아를 조소하거나 경멸하지 않도록 최선을 다해야 한다. 공개적인 꾸중은 그 유아로 하여금 유아교육기관이나 학교를 가기 싫어하도록 만들 수 있다. 때로는 반격을 야기하게 하거나 아니면 위축감을 느끼게 할 수도 있다. 파급효과 때문에 공개적인 꾸중은 다른 유아들에게 부정적인 영향을 미칠 수 있다. 꾸중 후의 부정적 효과를 줄이는 한 가지 방법은 좀더 긍정적인 행동으로 대치할 수 있는 방법에 관해 힌트를 주는 형식으로 격려를 덧붙이는 것이다.

### (3) 한계의 설정

규칙과 규율에 대해 배울 때 유아들은 그 한계를 시험해 보는 경향이 있다. 걷고, 말하고, 사물을 다루는 방법을 어느 정도 터득한 2~3세가 되면 유아들은 그들의 독립심을 주장하려는 충동을 느낀다. 따라서 유아들은 가정의 규칙이 어떤 것인지를 정확히 깨달을 필요가 있다. 이는 유아교육기관이나 학교 상황에서도 마찬가지이다. 특히 새로운 교사와 새로운 상황을 접했을 때 더욱 그렇다. 한계를 설정하는 것은 규칙을 확립하는 것뿐만 아니라 그 규칙을 실행하는 것에도 적용된다.

예 ① 일반적인 학급 규율을 설정하든가 아니면 상황에 따른 구체적인 규율을 세운다.

② 어떤 유아가 규칙을 시험하고 있을 때, 즉 규칙에 어긋나는 행동을 하면

서 그렇게 해도 괜찮은 것이 아닌가 생각하게 될 때가 있다. 이런 때에는 그 규칙이 실제로 적용되고 있으며, 또한 그것에 한계가 있어서 그것을 넘어서는 것이 결코 허용될 수 없는 것임을 알게 한다. 한계를 넘을 수 없음을 알리기 위하여 꾸중, 호소, 벌 등의 방법을 활용할 수도 있을 것이다.

### (4) 상황의 사후 검토

학급 통제가 가끔은 감정이 고조되고 긴장된 분위기에서 이루어져서 유아들에게 긴장과 불안감을 조성하는 경우가 있다. 이런 경우가 발생했을 때 한 사람의 개인에게 해당되면 사적으로, 그리고 집단적 상황에서 이루어진 경우는 전체 유아들과 더불어 사후 논의를 하는 것이 바람직하다.

예 "은실아, 너를 교실 밖으로 나가게 해서 미안하다. 그러나 그때 너는 감정이 너무 격해서 자제력을 잃은 것 같았다."

### (5) 해석의 활용

행위의 분석이 때로는 유아가 행동하고 있는 동안에 이루어질 수 있다. 이는 유아들에게 문제 가능성을 미리 알리고, 또한 자신의 행동에 대해서 유아가 정확하게 알 수 있도록 하기 위한 것이다. 이러한 해석은 어디까지나 유아를 통제하기 위한 목적으로 이루어지는 것이다.

예 점심 시간이 가까워지자 지친 듯하면서 소란스런 수업에서 이렇게 이야기할 수 있을 것이다. "너희들이 지금 배가 고프고 싫증도 난 것을 알지만, 우리 10분만 더 하고 끝내자. 5분 일찍 끝내 주겠다."

이러한 기법의 가치는 유아들의 자제력에 호소하고 교사의 신뢰와 자신감을 수반한다는 데 있다. 그러나 너무 자주 사용하면 비효과적일 수 있으므로 될 수 있는 한 많은 기법을 준비하여 다양하게 적용하는 것이 바람직하다.

### 4) 갈등 해결 지도

갈등은 집단이 모여서 생활하고 일하는 데서 일어나는 일들 중의 한 부분이다. 유아기에 가정에서나 학급에서 갈등이 일어나는 것도 생활의 일부이며, 부모와 교사들은 유아와 유아들 간에 또는 유아와 어른 간에 매일 갈등이 일어나는 것을 경험하고, 갈등을 해결해 주거나 도움을 주어야 하는 상황에 직면하게 된다. 교사가 갈등을 다루는 방식은 유아들로 하여금 자신과 타인에 관하여 학습할 수 있는 기회를 제공하며 유아기의 갈등을 긍정적인 감정으로 바꾸는 방법을 학습한 유아들은 성인기의 갈등, 즉 대인 간 또는 지역사회 간 그리고 국가 간의 갈등까지도 잘 변화시킬 수 있게 될 것이다.

유아들이 학급에서 경험하는 갈등의 종류는 소유 분쟁, 주의 끌기, 권력 투쟁, 성격 차이나 질투심으로 인한 충돌, 집단 활동 참여에 대한 분쟁, 별명 부르기, 책임 부인 또는 책임 전가로 인한 갈등 등이다. 유아교육기관 교실에서의 갈등은 대부분 갈등이 일어나는 것을 막거나 갈등이 일어난 후 선동자를 벌을 주는 방법이었다. 교사는 갈등을 부정적인 것으로 생각하며 갈등은 잘못되었고 갈등은 중지시켜야만 하고 갈등을 일으키는 유아를 훈육해야 한다고 생각하는 경향이 있다. 예를 들면 한 유아가 다른 유아의 장난감을 빼앗고 그 상대방 유아가 되받아 때리는 소유 분쟁의 경우 교사는 다음 중 한 가지의 방법을 취한다.

첫째, 놀잇감을 옮기고 치움으로써 갈등의 근원을 없앤다.

둘째, 방해하는 유아를 다른 곳으로 이동하고 그들에게 다른 놀잇감을 가지고 놀게 한다. 혹은 상호 폭력인 경우에는 선동자를 사과할 때까지 '생각하는 의자(Time out chair)'에 남아 있게 한다.

셋째, 시간표를 만들어서 타이머나 다른 장치를 사용하여 유아들이 차례대로 가지고 놀게 한다.

넷째, 공격자에게 주먹을 사용하지 말고 말로 하라고 이야기해 준다.

이 모든 해결책들은 갈등을 중지시킬 수 있다. 그러나 이 모든 해결책은 어느 것도 갈등을 긍정적인 감정으로 바꾸지 못한다. 이런 해결 방법은 갈등이 잘못되었다고 가정하며 그것을 올바르게 만드는 것은 교사에게 달려 있다고 가정하는 미봉책의 접근법(Band aid approach)을 취하고 있다. 또한 행동 제한에도 불구하고 통제할 수 없는 유아들을 어떻게 다룰 것인지의 문제가 제기되고 있으며 몇몇 교사들의 보고에 의하면 강경하게 일관성 있게 갈등을 제한하고 강요하는 경우에 통제할 수 없는 행동이 계속 증가한다고 한다.

따라서 갈등을 교육적으로 해결하고 학습의 기회로 이용할 수 있으려면 갈등에 대한 관점과 갈등 해결 방법이 다음과 같이 변화되어야 한다.

첫째, 갈등은 잘못된 것이지만 중요한 학습의 기회가 될 수 있다.

둘째, 유아는 잘못되지 않았다. 다만 유아는 갈등을 다루는 방법을 배워야 한다.

셋째, 갈등을 바로잡는 것은 교사의 책임이 아니다. 그 대신에 교사는 유아가 갈등을 긍정적인 감정으로 바꾸도록 도와주고 변화시키는 자로서 행동해야 한다고 믿어야 한다.

넷째, "갈등을 긍정적인 감정으로 바꾸는 것"은 교육과정의 일부로서 유아들에게 계획적이고 직접적으로 가르칠 수 있고 가르쳐야 한다는 것을 깨달아야 한다.

교사가 유아들이 갈등을 긍정적인 감정으로 변화시키도록 도울 수 있기 위해서는 우선 교사가 자신의 마음을 변화시켜야 한다. 갈등과 그 해결책을 어떻게 볼 것인가, 방해하는 행동과 훈육을 어떻게 볼 것인가, 갈등 상황에서 교사의 역할과 유아의 역할을 어떻게 볼 것인가 등에 대해서 마음과 생각을 바꿔야 한다.

### (1) 갈등을 긍정적인 감정으로 바꾸기

#### ① 언제 개입하는가?

교사가 모든 유아 간의 갈등에 개입할 필요는 없다. 유아들은 스스로 갈등을 해결할 수 있으므로 스스로 해결해 볼 기회를 가져야 한다. 그러나 갈등 상황을 해결하는 데 도움이 필요한 유아들이 스스로 갈등을 해결할 기회를 주었는데도 갈등이 악화되거나 공격적인 행동으로 이러질 때는 교사가 개입해야 한다. 교사가 유아들의 갈등에 개입해야 할 때는 다음과 같은 경우들이다.

- 유아들이 상대방을 해치거나 기물을 파손할 때
- 때리기, 물기, 물건 던지기와 같은 공격적인 행동으로 갈등이 전개될 때
- 유아들이 소리 지르거나 울 때
- 갈등이 극단적인 방법으로 진행될 때

### ② 어떻게 개입하는가?

교사는 우선 조용하고 냉정하고 침착한 태도를 유지해야 한다. 갈등이 얼마나 난폭하고 시끄러운가에 관계없이 교사는 조용히 개입해야 한다. 유아들이 분노를 폭발하거나 시끄러울 때도 교사는 침착함을 유지해야 하며, 교사가 침착을 유지하기 위해서는 교사 자신의 감정을 돌아보아야 한다. 교사가 유아들의 갈등에 개입하는 방법은 다음과 같은 것들이 있다.

- 문제의 초점을 공격자에게 맞추지 말고 피해자에게 맞춘다.
- 유아들의 흥분을 가라앉히기 위해서는 유아들의 공격을 중단시키고 유아들이 교사의 말에 순응할 때까지 유아들의 이름을 조용히 차분하게 반복하여 불러 준다.
- 유아들에게 진정할 시간을 준다.
- 유아들과 눈을 맞추고 온화한 표정으로 대한다.
- 문제를 일으킨 두 유아들에게만 집중한다.

갈등을 긍정적인 학습의 기회로 전환하기 위해서는 다음과 같은 질문으로 상황에 대해 이야기를 나눈다.

① 무슨 일이니? ○○야!

각 유아들에게 무슨 일이 일어났는지를 차례로 조용히 묻고 대답을 듣는다. 이런 질문은 유아들에게 자신들의 행동을 정당화할 기회를 준다. 유아들의 대답은 전혀 다를 것이며 두 유아는 모두 다 자신의 행동이 정당하고 상대방이 잘못했다고 느낄 것이다. 이 때 교사는 유아의 말을 판단하지 말고 잘 경청해야 한다. 유아들의 말을 듣고 나면 교사가 들은 내용을 객관적으로 다시 한번 설명해 준다.

② ○○가 어떻게 느낄까?

이런 질문을 받으면 유아들은 당황하거나 대답하는 방법을 모를 수도 있다. 유아가 대답을 하지 못하면 교사가 "준호의 얼굴을 보렴, 어떤 기분인 것 같으니?" 또는 "준호가 어떻게 느끼고 있는지 물어 보렴!" 등과 같은 보충 질문을 하여 유아가 상대방의 감정을 읽는 것을 도와주고 똑같은 질문을 상대 유아에게도 하고 대답할 기회를 준다. 이때 교사는 유아들의 대답을 다시 한 번 반복해 준다. "수민이는 수민이가 너를 때렸을 때 네가 싫었을 거라고 말하는구나 맞니?" 이 과정을 통해서 유아들은 상처받은 마음을 발산할 기회를 갖게 된다. 이런 방법은 유아들에게 감정이입을 배우도록 돕는다.

③ ○○를 기분 좋게 해주려면 어떻게 해야 할까?

유아들은 이런 질문을 받음으로써 다시 한 번 상대방에게 초점을 맞추어 생각해야 한다. 같은 질문을 상대 유아에게도 한 후 두 유아가 동의한 해결책이 있다면 교사가 다시 한번 큰 소리로 말해 준다. 그리고 교사의 느낌을 말해 준다. 유아들은 긍정적인 방법으로 갈등을 해결하는 것을 배울 기회를 가짐으로써 타인 존중의 태도를 배우게 된다.

교사는 갈등 상황에 개입하여 대화로 해결한다

### (2) 소유 분쟁

유아들이 가정에서만 생활하다가 유아교육기관에 입학하게 되면 많은 놀잇감들을 접하게 된다. 유아들은 자기중심적이기 때문에 놀잇감들이 모두 자신만을 위한 것이라고 생각하고 다른 유아들도 놀잇감을 원한다는 것을 생각하지 못하므로 인해서 유아교육기관 교실에서는 소유 분쟁이 자주 일어난다.

#### ① 소유권 싸움을 감소시키기

유아들 간의 갈등이 끊임없이 활동을 방해한다면 문제 상황을 해결할 수 있도록 이를 변화시켜야 한다. 성인들이 유아들의 싸움을 막을 수는 있겠지만 이는 유아의 의존심을 유발하게 되고 유아의 대인 간의 문제 해결 기술을 발달시키는 데 실패하게 된다. 유아들은 갈등 속에서 대인 관계 기술을 배우기 때문에 어른이 감독을 적게 하고 유아 자신이 스스로를 통제하고 선택할 기회를 주어야 한다. 교사들이 유아의 행동을 통제하지 않고도 소유 분쟁을 줄일 수 있는 방법은 다음과 같다.

#### ② 교실에서 소유 분쟁을 감소시키는 법

활동 영역의 적절한 공간 확보와 충분한 놀잇감의 제공은 중요하다

- 활동 영역에 적절한 공간을 제공하라.
- 공간과 물건에 대한 순서와 자기 통제 계획을 세워라.
- 각 학습 영역에 여러 유아가 동시에 사용할 수 있는 충분한 놀잇감을 제공하라.
- 좋아하는 장난감, 도구 혹은 극놀이 영역을 하나 이상을 제공하라.
- 전체 그룹에서 새로운 장난감이나 물건을 소개하고 순서를 협의하라.

### (3) 권력 분쟁

유아들이 교실 상황에 익숙해짐에 따라 갈등의 유형이 변화된다. 사물에 대한 소유 분쟁에서 유아들 간의 행동을 주도하고 싶어 하는 힘 싸움으로 바뀐다. 유아들은 첫 번째가 되고 싶어 하고, 가장 큰 것을 가지고 싶어 하고, 가장 좋은 것을 가지고 싶어 한다. 유아들은 또한 다른 또래들이 노는 방법 등 또래의 행동을 통제하고 싶어 한다. 또한 유아들은 자신이 다른 사람에게 중요하게 인식되고 인정받기 위해서 노력한다. 자아존중감에 대한 갈등은 긍정적인 힘의 형태이며 힘은 반드시 부정적인 것은 아니다.

인간 생활에서 볼 수 있는 부분 중에는 타인에게 영향을 주고 대인 관계에서 자신의 중요성을 인식시키고자 하는 힘에 대한 욕구와 힘에 대한 욕구가 좌절되었을 때 보이는 무기력함의 양면에 있다. 자기 확신을 표현하는 것을 거부당한 유아들은 무시되고 학대받고 응석받이인 유아의 모습을 보이고 힘에 대한 욕구를 표현하지 못한다. 자신이 힘이 없다고 느끼는 유아들은 무기력함과 무관심을 보인다. 유아들의 무기력감은 교실에서 일어나는 힘 싸움의 원인이 된다. 유아가 자신이 통제력을 지니고 있다고 생각한다면 또래를 통제하기 위해 싸우거나 논쟁하지 않는다. 교사는 유아들의 힘에 대한 욕구 표현을 중요하게 생각해야 하며 유가가 교실에서 통제력을 지닐 수 있도록 도와주어야 한다.

#### ① 유아들의 통제력을 회복할 수 있도록 도와주는 활동

- 참여할 수 있도록 하라.
- 책임을 지게 하라(예 금붕어를 맡겨라).
- 학습 영역표를 나누어 주게 하라.
- 간식 및 점심 시간에 당번을 맡겨라.
- 놀이 기구 타기의 순번을 감독하는 일을 맡겨라.
- 다른 사람을 돕게 하라.

이러한 책임을 유아에게 맡기기 위해서는 유아들이 좋아하는 것과 싫어하는 것을 알아야 하고 유아들의 기분 좋게 할 수 있는 일에 대해서 알아야 한다.

#### ② 힘을 추종하는 유아를 저지하기

힘을 표현할 대상을 찾지 못한 유아는 공격적인 행동을 하기가 쉽다. 울고 소리 지르고 부모나 교사를 위협함으로써 힘을 행사하려고 할 수 있다. 그러나 교실에서 다른 유아들이  아무런 저항 없이 난폭한 유아에게 항복한다면 이는 난폭한 유아가 폭력적인 전략을 사용하도록 고무하는 결과가 된다. 힘을 행사는 유아의 요구에 반대할 수 있는 방법들은 다음과 같다.

- 단순하게 "아니야"라고 말하기
- 반대하는 이유를 말하기(내가 지금 그것을 사용하고 있잖니?)
- 반대 제안하기(대용품을 제공하기)
- 타협하기(5분 후에 네가 그것을 가져)
- 회피하기(또 다른 활동을 상대에게 지시한다)

### (4) 성격 충돌

유아들의 성격 충돌의 원인과 형태는 첫째, 남들이 자신과 다르다고 느끼기 때문에 둘째, 남들이 자신보다 우월하기 때문에 셋째, 남들이 사람들을 잘못 대하기 때문이다. 자기 자신과 다르다고 느껴지는 존재 때문에 유아들은 불편함을 느낀다. 유아들은 아직 서로가 다르다는 것에 대해서 그 차이를 개념화할 만큼 성숙하지 않았기 때문에 많은 편견을 지니지는 않으나 자라면서 점차로 차이에 대한 인식이 발달한다.

#### ① 교실에서의 성격 충돌을 감소시키기

- 자기와 다른 유아들과 편하게 지내도록 도와주고 이야기, 노래 등의 활동을 통해 유아들 사이에 있는 차이점보다는 유사성을 존중한다는 것을 보여준다.

- 이야기나 연극을 통해서 남들이 더 우월한 존재가 아니라고 느낄 수 있도록 도와준다(자기 존중과 타인 존중).
- 유아들과 감정에 대한 역할극을 함으로써 감정 이입을 통해 남을 괴롭히는 것을 못하게 한다.

**② 성격 충돌 행동을 지도하기**

- 모든 유아들에게 골고루 관심을 보이고 좋은 태도로 대해 준다.
- 당신이 좋아하지 않는 유아들의 장점을 발견하여 기록한다.
- 유아들에게 말과 미소로 사랑한다는 것을 보여준다.
- 질투 경쟁 등을 다룬 동화 속의 주인공의 기분에 관해 이야기하는 시간을 가진다.

### (5) 참여 갈등

유아들은 한 번에 혼자 혹은 둘씩 또는 집단으로 놀이에 참여했다가 그만두고 다른 집단에 참여하는 행동을 반복한다. 왜 유아들은 한 집단에 머무르지 않고 이동할까, 왜 어떤 유아들은 집단에서 받아들여지고 어떤 유아들은 받아들여지지 않는가, 유아들의 집단 참여 활동에서 일어나는 일상적인 갈등은 유아들이 자신을 조절하는 방법을 배울 수 있는 기회가 된다. 유아들은 어떻게 기다릴 것인가, 어떻게 관망할 것인가, 언제 접촉을 시도할 것인가, 놀이에서 무슨 일이 진행되고 있는가, 집단에 어떻게 융화될 것인가, 거절당하지 않으려면 무슨 말을 해야 하는가, 거절당하면 어떻게 해야 하는가 등을 갈등을 통하여 배우게 된다.

**① 유아의 집단 활동 참여 전략 관찰표**

- 놀이 집단에 참여하려고 시도하는 유아를 관찰하여 나타나는 행동에 표시한다.
- 놀이 집단 근처에서 조용히 서성거린다.

참여 갈등을 해결하기 위해서 교사는 유아의 놀이 상황을 관찰해야 한다

- 놀이 집단이 하고 있는 놀이 행동을 모방한다.
- 집단 위주의 말을 한다.
- 집단에 성공적으로 참여한다.
- 질문을 하거나 자신에 대해 언급한다.
- 집단에게 거절을 당하나 다시 시도한다.
- 소리 내어 주장하거나 공격적인 말을 한다.
- 놀이를 물리적으로 방해한다.
- 집단에게 거절을 당하면 다시 시도하지 않는다.
- 교사에게 고자질하고 불평하며 교사에게 중재를 요구한다.
- 기타

#### ② 효과적인 집단 활동 참여 전략

유아들의 놀이 집단 참여 활동을 관찰한 결과 유아들의 절반 이상이 놀이 집단에 참여하려는 시도가 거절당하는 경험을 하였으며 놀이 집단 참여 전략 중 효과적인 전략은 다음 세 가지로 나타났다.

- 놀이 집단 근처에서 조용히 서성거린다.
- 놀이 집단의 놀이 행동을 모방한다.
- 놀이 위주의 말을 한다.

#### ③ 비효과적인 집단 활동 참여 전략

- 질문을 통해 요청하거나 자신에 대해 언급한다.
- 어떻게 하자고 주정하거나 공격적인 말을 한다.
- 놀이를 물리적으로 방해한다.

#### ④ 교사의 역할

- 자유 놀이 활동이나 극놀이 활동을 위한 시간과 자료를 제공한다.
- 유아들의 집단 활동의 참여가 강제적인지 비강제적인지 관찰한다.
- 놀이 집단에 참여하는 데 교사의 도움이 필요한 유아들에게 자문을 한다.
- 신체적·언어적으로 공격적인 행동을 함으로써 놀이를 방해하는 유아들에게는 갈등 전환 전략을 사용한다.

### (6) 별명 부르기로 인한 갈등

유아들의 별명 부르기는 감정을 자극한다. 불쾌감을 주는 이름은 유아들에게 상처를 주기도 한다. 별명 부르기로 인한 갈등을 다루기 위해서는 교실에서 일어나는 별명 부르기에 대한 관찰이 먼저 이루어져야 한다. 별명 부르기에 대한 관찰을 하려면 다음의 사항들을 보아야 한다.

- 별명 부르기가 어떻게 이루어지는가?
- 별명을 누가 부르고 누가 불리우는가?
- 언제 어디서 별명 부르기가 일어나는가?
- 유아들이 별명이 불려지는 것에 대해 어떻게 반응하는가?
- 별명 부르기로 인해 어떤 일이 일어나는가?

별명 부르기의 종류와 예방책으로는 다음과 같다.

#### ① 재미로 놀리거나 괴롭히기

별명 부르기를 주제로 한 동화책을 읽어 주기, 동화 책의 내용 재구성하기, 동물 손인형을 통한 표현 활동 등을 통하여 별명 부르기를 객관적으로 바라볼 수 있는 활동 기회를 제공한다.

**② 주의 끌기**

나약한 자아상을 가진 유아들은 힘의 욕구가 좌절된 경험 때문에 다른 아이들을 괴롭히고 불쾌하게 별명을 부름으로써 다른 아이들을 지배할 수 있다고 생각한다. 이들은 부적절한 방법으로 주의를 끌려고 하는 것이다. 이런 경우는 유아가 별명을 부르는 것을 무시하거나 과제를 통해서 성취감을 갖도록 함으로써 자기 자신의 능력에 대해 긍정적인 감정을 가지도록 하며 유아들이 성취한 것에 대해 격려와 칭찬을 해 주는 것이 바람직하다.

**③ 욕구 좌절**

유아들은 욕구가 좌절되거나 화가 났을 때 별명을 부르기도 한다. 이 때는 별명을 부르는 유아들에게 별명을 부르는 것이 상대방에게 상처를 준다는 것을 깨닫도록 도와주어야 한다. 이런 경우는 별명 부르기를 대체할 수 있는 행동이나 언어를 사용할 수 있도록 도움을 준다.

### (7) 책임 회피 갈등

유아들은 무엇인가 잘못했을 때 자신의 잘못을 부인하거나 남을 탓한다. 유아들은 왜 자신의 행동을 부인하는가, 정말 자신이 하지 않은 것이라고 믿는가, 자

**교사의 역할**

- 색, 소리, 동작들을 통해 자신의 감정을 표현하도록 한다.
- 남을 탓하는 갈등에서 타인의 느낌을 인정하도록 돕는다.
- 도덕적으로 갈등을 느낄 수 있는 상황을 제공하여 타인의 감정을 조망할 기회를 준다.
- 타인에 대한 존중을 위해 남을 탓하는 갈등을 전환하는 방법을 찾도록 돕는다.
- 갈등 상황은 여러 가지 경우가 있을 수 있으나 교사는 갈등을 해결하려는 대화에서 책임자를 찾거나 비난하는 데 초점을 맞추지 말고 갈등 상황을 학습의 기회로 이용할 수 있도록 도와준다.

기 잘못을 인정하면 벌을 받을 것이 두려워서인가, 단지 자기 자신을 방어하기 위해서인가, 정말 다른 아이가 한 일이라고 믿는 것인가, 단지 희생양을 찾는 것인가, 문화의 차이에 관계없이 나타나는 이 같은 유아들의 행동은 유아의 발달 과정이라고 볼 수 있다. 유아들의 도덕성 발달, 정의(justice)의 개념 발달, 감정이입, 수치심, 죄책감의 발달 등이 어떤 일이 잘못된 것에 대한 책임을 전가하는 유아들의 태도에 영향을 미친다.

## 3. 상담자로서의 교사

### 1) 나-전달법

'나-전달법'(I-Message)이란 자신의 생각이나 감정을 표현할 때 주어를 '나'로 나타내어 그러한 생각과 느낌을 가지게 된 책임을 상대방에게 돌리지 않고 자기 자신에게 있음으로 나타내는 표현 방식이다. 이와는 달리 생각과 느낌의 책임을 상대방에게 전가하는 표현 방식이 '너-전달법'(You-Message)이다.

예를 들면 활동실에서 주어진 활동을 하지 않고 돌아다니는 유아를 보고 걱정이 되어 교사가 "성현아! 너는 지금 무엇을 해야 하지? 그렇게 돌아다니면 어떡해!"라는 너-전달법의 표현을 한 경우에, 성현이는 순간 '선생님은 나를 꾸중하시는구나' 또는 '선생님은 내가 잘못하고 있다고 야단을 치시는구나'라는 생각을 하여 꾸중, 질책에 대한 변명을 하게 되거나, 아니면 죄의식이나 부끄러움 등 부정적인 감정을 느낄 수가 있다. 위의 예를 나-전달법, 즉 "성현아, 네가 돌아다니고 있으니 다른 친구들에게 방해가 될까봐 걱정이 되는구나"라고 표현한다면, 성현이는 '선생님이 나를 걱정해 주시는구나' 또는 '선생님은 나에게 관심이 많구나' 등의 긍정적인 감정을 경험하게 될 것이다.

상담 상황뿐만 아니라 대인 간의 갈등 해결 또는 일상적인 대화에서도 나-전달법을 통한 자기 개방은 상호 간의 관계를 저해시키지 않고, 상대방의 행동이나 태도 변화를 유도하는 매우 유익한 의사소통 방식이라 하겠다.

### ♥ 너-전달법

선생님

걱정 → 송신 → "너는 그림은 그리지 않고 왜 돌아 다녀!"

아동

수신 해석 → "선생님은 나를 미워하는구나, 선생님은 나를 나쁜애로 보는구나."

### ♥ 나-전달법

선생님

걱정 → 송신 → "네가 그림을 그리지 않고 돌아 다니는 것이 버릇이 될까봐 걱정이 되는구나!"

아동

수신 해석 → "선생님은 나를 미워하지 않는구나." "선생님은 나를 많이 생각해 주시는구나."

**◀ 나-전달법과 너-전달법의 의미 ▶**

| 구 분 | 나-전달법(I~Message) | 너-전달법(You~Message) |
|---|---|---|
| 표현방식 | 상황+결과(예상 결과)+느낌 | 지시, 평가, 비꼬기, 비난, 경고의 표현 |
| 책임소재 | 느낌의 책임을 자신에게 돌린다. | 느낌의 책임을 상대방에게 전가한다. |
| 전달해석 | • 걱정하는 마음이 그대로 전달된다.<br>• 행동 변화에 대한 결정권이 상대방에게 있다. | • 걱정, 염려하는 마음을 미워함, 비난, 비판, 질책으로 받아들인다.<br>• 죄의식을 갖게 하거나 자존심을 상하게 한다. |
| 효 과 | • 상대방에 대하여 부정적인 평가를 하지 않으므로 방어심리나 거부감이 일어나지 않는다.<br>• 관계를 저해하지 않는다.<br>• 청자로 하여금 자성적 태도와 변화하려는 의지를 높일 가능성이 크다. | • 청자는 배려 받지 못하고 무시당하고 있다는 생각을 하기 쉽다.<br>• 반항심, 거부감, 공격성, 방어를 야기하여 자성적인 태도가 형성되기 어렵고 행동변화를 거부하려는 심리가 일어난다. |
| 관계구조 | 수평적인 만남 | 수직적인 만남 |

## 2) 감정코칭

### (1) 감정코칭의 개념

감정코칭은 Gttoman(2011)과 Katz 및 Hooven(1996, 1997)에 의해 개발된 개념으로 부모나 교사가 유아의 감정이나 부정적 감정을 수용하고 문제 행동에 대해 바르게 선도해 주는 것이다.

유아의 감정, 특히 부정적 감정을 수용하고 소화할 수 있도록 돕는 코치 역할을 하는 것이다. 즉, 유아의 정서조절 코치가 되는 것으로 이러한 양육태도는 부모가 갖고 있는 정서 혹은 감정에 대한 태도에 기초하여 형성된다. Gottman(1996)은 부모의 정서에 대한 감정과 사고를 포함한 태도를 상위 정서 인식태도라 정의하고 이것이 유아의 정서발달과 중요하게 작용한다고 설명하였다.

코칭의 뜻을 살펴보면 코칭은 자신의 능력을 스스로 통제하며 상승시킬 수 있는 인간의 능력을 열어주며 무엇인가를 가르치는 대신 배울 수 있는 능력을 키워준다고 하였다(E. Haberlightne, 2002, 재인용). 유아 코칭이란 유아가 자신의 잠재능력을 발견하고 스스로 성장하게 하여 바라는 목표를 이룰 수 있도록 지지하는 커뮤니케이션이라 할 수 있다(이재덕, 2008). 즉, 유아의 감정에 공감하고 유아가 분노, 슬픔, 두려움 등의 부정적인 감정을 극복할 수 있도록 코칭할 때 유아 스스로 자신의 감정을 잘 관리하게 되며 부모 또는 교사가 자신을 잘 이해해주고 있다고 느끼게되고 이러한 반응으로 부모 또는 교사는 유아의 관계에 지지와 애정이라는 유대를 형성할 수 있다(Gottman & 남은영, 2007).

유아를 잘 키우는 첫걸음은 '유아의 감정을 제대로 읽는 것'에서 시작하며 이를 통해 유아의 성격이나 행동, 집중력, 대인관계, 학업성취도 등이 저절로 좋아진다고 말할 수 있다(Gottman et al, 2011).

### (2) 감정코칭 프로그램

감정코칭 프로그램은 아이에게 감정코칭을 하는 방법을 5단계로 나누어 설명하고 있다.

**① 1단계 : 아이의 감정 인식하기**

감정 인식하기는 유아의 얼굴만 보아도 아픈지 슬픈지 짐작할 수 있지만 어떤 유아는 표현이 부족하여 감정을 잘 나타내지 않는다. 아파도 감정을 크게 나타내지 않고 무표정으로 화가 났는지 알 수 없는 것처럼 사람의 표정이 무한하므로 쉽게 얼굴만 보고 단정 짓는 것은 주의해야 한다(박지은, 2012). 유아의 행동 속의 숨어있는 감정에 주의하고, 유아가 다양한 감정을 느낄 수 있도록 감정 코칭을 해 주어야 한다. 만 2~3세 이전의 영아라면 몸동작, 음성, 음량, 표정 등의 변화로 영아의 감정을 알고 대처해야 한다. 유아의 모든 감정을 읽어주는 것은 불가능하지만 적어도 유아가 누군가에게 감정을 알아주기를 간절히 바랄 때는 이를 놓치지 않도록 노력해야 한다(김종남, 2012).

**② 2단계 : 감정의 순간을 좋은 기회로 삼기**

유아가 어린이집에서 물건을 서로 빼앗으려고 다툼이 있을 때와 같이 강한 감정을 보일 때 감정코칭을 하기 좋은 때라고 한다. 강한 감정은 누군가의 도움을 원한다는 의미이기 때문에 감정에 대한 대처법을 경험할 수 있는 좋은 기회이다. 키우던 강아지가 죽거나 동생과 싸울 때 유아는 새로운 감정을 느끼게 된다. 그럴 때 부모가 유아의 감정을 수용하고 공감해 주면 단단히 애착을 형성할 수 있다. 반면에 이 감정을 야단치거나 외면하면 부모와의 유대감은 끊어지고 신뢰감도 무너지게 된다.

**③ 3단계 : 공감하고 경청하기**

긍정적인 감정, 부정적인 감정 모두 공감해 주고 유아 자신도 모르는 복합적인 감정도 받아준다. 감정을 공감할 때는 언제나 진지하게 공감해 주는 것이다. 유아와 본격적인 대화가 시작되는 단계로서 유아의 감정이 어떤지 짐작이 가더라도 유아 스스로 자기 감정을 들여다보고 이야기할 수 있도록 해야 한다. 유아의 감정을 살피고 진심으로 충분히 공감해 주는 것이 중요한 핵심이다.

#### ④ 4단계 : 감정을 표현하도록 도와주기

감정에는 많은 색깔이 있다. 유아는 감정의 색깔을 혼자서 구분하기 어렵다. 억울함, 짜증, 화, 분노, 혐오감 등의 다양한 감정을 느끼더라도 유아는 "싫어"라고 말을 한다. 하지만 똑같은 화라도 열등감이 들어 화가 날 수도 있고, 경쟁심 때문에 결과가 좋지 않아서 화가 날 수도 있다. 이러한 감정을 명확하게 알지 못하면 유아의 마음을 공감하기 어렵다.

#### ⑤ 5단계 : 스스로 문제를 해결할 수 있도록 하기

먼저 유아의 감정을 공감하고 행동의 한계를 정해 준다. 문제를 해결하는 과정에서 부적절한 행동은 받아 줄 수 없기 때문에 바르지 않을 때에는 잘못된 행동임을 분명히 지적하여 주고 간단한 한계를 정해준다(박유정, 2008). 애써서 만든 블록을 동생이 망가뜨려 속상하고 화나는 감정은 충분히 공감해 주더라도 동생을 때리거나 꼬집는 행동을 허용해서는 안 되기 때문이다. 행동에 한계를 그어줄 때는 동생을 때리는 행동이 잘못되었다는 점을 깨닫게 해 주어야 하는 것이다. 유아에게 남에게 해를 입히거나 자신에게 해를 입히는 행동은 안 된다는 정도의 간단한 한계를 말해 주고 유아에게 '어떡하면 좋을지'를 물어본다. 유아 스스로 문제를 어떻게 해결할 것인지 생각하도록 하고 '때리는 것 말고 다른 방법은 없을까?'라고 질문을 던져주는 것이 중요하다. 아이가 해결책을 제시할 때 긍정적인 반응을 보여주는 것이 좋은 방법이다. 이것은 감정코칭의 마무리이다. 유아가 어떤 해결책을 선택하던 유아의 몫이고 유아가 직접 그 결과를 확인하도록 하는 것이 좋다.

부모교육의 유형으로 유아의 감정에 어떻게 반응하는가를 네 가지 유형으로 살펴보면 축소전환형, 억압형, 방임형, 감정코칭형으로 나눌 수 있다. 첫째, 축소전환형은 유아의 감정을 빈정대며 놀리는 유형이고, 둘째, 억압형은 유아의 감정을 질책하는 유형을 말한다. 셋째, 방임형은 아이의 감정은 인정하고 공감해 주지만 그 감정을 어떻게 대처해야 하는지 한계를 정해 주지 못한다. 넷째, 감정코칭형은 유아의 행동에 대해 한계를 지어주고 스스로 문제를 해결할 수 있게 하는 것이다(존 가트맨·최성애·조벽, 2011).

위의 네 가지 유형이 유아교육기관의 교사들 모습에서도 여러 가지로 나타날 수 있다. 유아교육기관에서 유아가 머무는 시간이 길어짐에 따라 교사는 부모의 역할을 해야 하므로 이 연구에서는 교사가 감정코칭형 교사가 되어 지도하도록 한다. 유아를 위한 감정코칭은 유아가 감정을 포함한 자신의 문제에 대해 스스로 생각하고, 스스로 결정해서 자기 주도적으로 문제를 해결할 수 있도록 돕는 것이고, 교사들은 유아가 문제뿐 아니라 문제를 해결할 수 있는 가능성도 함께 가지고 있다는 사실을 믿어야 한다. 그러므로 감정코칭 프로그램은 유아교육기관에서 또래와의 관계, 사회와의 관계 속에서 유아의 감정을 인식하고 적절한 대처방법을 선택하여 문제 행동이 잘 해결되고, 관계가 소통하는 감정 지도에 필요한 연구이다.

### (3) 감정코칭 프로그램이 유아에게 미치는 효과

감정코칭 프로그램이 유아 감정에 미치는 효과에 관한 연구들을 살펴보면 부모교육에 관한 연구가 많이 있었고, 부모가 유아를 양육함에 있어 발달과정을 파악하고 교육방식이 바뀌었다는 연구결과가 보고되고 있다. 이러한 연결 중 국내의 연구를 살펴보면, 박유정(2008)은 유아의 기질이 정서지능에 미치는 영향 및 감정코칭 매개효과 연구에서 유아의 정서인식, 정서표현, 감정이입, 정서조절에서 유의한 영향을 미치며 어머니의 감정코칭은 효과가 있다고 하였다.

서유리안나(2010)는 감정코칭 부모교육 프로그램을 실시하여 어머니의 양육효능감과 부모-자녀 간의 의사소통에 어떠한 영향을 미치는지 효과를 검증하였다. 연구결과 감정코칭 부모교육 프로그램이 초등학교 저학년을 둔 학부모의 양육 효능감 향상과 부모-자녀 간의 의사소통에 긍정적인 효과가 있음을 확인하였다.

김용미(2012)는 만 3, 4, 5세 유아기 자녀를 둔 어머니를 대상으로 한 연구에서 감정코칭을 활용한 부모교육 프로그램은 부모와 자녀들을 바람직한 방향으로 변화시키고 의사소통 능력을 증진시키는 데 효과가 있었다고 하였다.

또한 이수진(2012)도 유아기 자녀를 둔 부모의 양육 효능감에 대한 감정코칭법은 자녀의 양육에 있어서 구체적으로 무엇이 문제이고 어떻게 유아에게 행동하며 말하는지 체크하고 노력해 보니 유아의 행동이 이해가 되었다고 하였다. 유아를 키우는 데 있어 부모가 양육 효능감을 가질 때만이 올바로 키울 수 있다고 하였다.

### 3) 상담자의 역할과 자질

상담자는 상담자의 성격과 상담에 대한 경험 및 훈련을 통해 내담자에게 영향을 미친다. 상담자의 자질은 전문적 자질과 인간적 자질로 나눌 수 있다. 상담자의 전문적 자질은 상담 이론에 대한 광대한 지식과 실습 경험과 훈련 그리고 자격 있는 수퍼바이저의 수퍼비전을 받으면서 수행한 상담 경험에 의해 이루어진다.

상담자의 인간적 자질은 원만한 성품에 소신이 있고 인간의 문제에 대한 예민한 관심이 있어야 하며 모호한 것에 대한 인내심, 감수성, 이해력과 내담자와의 의사소통 능력이 필요하다. 모호성에 대한 인내심이란 내담자의 감정 및 생각과 문제의 양상이 당장은 분명하지 않아도 기다릴 수 있는 태도를 가리킨다. 인간의 마음과 생활조건의 불확실성에 불안해하지 않고 적절히 수용해 나가고 대처해 나가는 능력을 의미하는 것이다.

상담자의 전문적 자질과 인간적 자질 중 어느 것이 더 중요하고 상담에 더 영향을 미치는가에 대한 연구 결과는 상담자의 기술과 방법보다 상담자의 인격과 자질이 더 영향을 미친다는 보고가 많다. 따라서 상담자는 전문적인 지식과 기술뿐만 아니라 인격을 연마하는 데 많은 시간을 투자하여야 한다.

콤즈와 그의 동료들(Combs, Avila, & Purkey, 1972)의 연구에 의하면 상담자들은 인간에 대해 신뢰할 수 있고 우호적이며 가치 있는 존재라는 신념을 가지고 있었으며, 문제해결보다는 인간 그 자체를 더 소중히 여기고 있었다. 또 다른 사람들에게 개방적인 특성을 가지고 있었다고 보고하였다.

로저스(Rogers, 1961) 역시 그의 수년간의 경험과 연구를 통해 상담에서 효과를 가져오는 것은 상담자의 방법이나 기술이 아니라 상담자의 태도이며 이에 대한 내담자의 지각이라고 주장하였다.

브래머는 상담자가 갖추어야 할 인격적 특성을 다음과 같이 설명한 바 있다.

① 자신의 가치관과 의식에 대해 자각하고 있어야 하며, 상담자로서 자신의 가치관과 의식이 내담자와 상담에 미치는 영향에 대해서도 자각하여야 한다.

② 상담자는 자신의 욕구와 감정에 대해 잘 인식하고 있어 역전이가 일어날 수 있는 상황에 대비하고 있어야 하며, 자신의 정서적 문제들을 잘 처리할 수 있어야 한다. 문제가 없는 생활은 아니라 하더라도 자신의 문제를 잘 해결하고 있으며, 에너지를 재충전할 준비와 조건을 갖추고 있어야 한다.

③ 내담자에게 모델이 되고 있다는 것을 의식하여 개인적으로 만족스런 사생활을 영위하고 있어야 한다.

④ 상담자는 인간에 대해 관심이 있고 인간의 긍정적인 변화에 관심과 흥미를 느껴야 한다.

이러한 모든 조건을 완벽하게 갖추고 있는 상담자를 만나기는 어렵다. 상담자라고 하여 필요한 모든 조건을 완벽하게 구비하고 있지는 못하더라도 적어도 유능한 상담자가 되기 위해 내담자에게 그렇게 살아야 한다고 말하고 있는 바 대로 살고자 노력하는 태도가 필요하다. 일상생활과 직업세계에서 항상 성공할 수는 없지만 상담자라면 적어도 그러한 성공의 경험을 많이 가지는 것이 상담에 도움이 될 것이다. 그리고 자신의 문제를 해결하고 의식을 개발하려는 노력을 게을리 하지 않는 태도 역시 필요할 것이다.

# 참고문헌

가족치료연구모임(1993). 해결 중심적 단기 가족치료. 서울:하나의학사.

강문희(2000). 유아생활지도. 경기도: 교문사.

강문희·장연집·박혜원(1997). 아동문제 및 행동수정. 경기도: 양서원.

강위영·송영혜(1992). 놀이치료. 서울: 특수교육.

공석영(2000). 유아생활지도. 경기도: 양서원.

교육부(1990). 기본생활습관지도.

교육부(2000). 유아의 사회적 능력 발달 교육 활동 자료.

교육인적자원부(2009). 2009학년도 학교교육력제고 과제수행 연구. 음악활동을 통한 유아의 듣기감각 향상.

국립교육평가원(1996). 유치원교육평가.

김경희(2007). 아동생활지도-사례를 중심으로. 서울: 창지사.

김군자(1984). 자폐아의 음악요법. 서울의대 정신의학보, 8(5). 138-149.

김영옥·이은하(1993). 유아사회교육. 경기도: 양서원.

김재은(1988). 아동의 심리치료. 서울: 배영사.

김정휘·조현주 편저(1995). 아동을 위한 생활지도-학부모와 교사를 위한 유아 상담안내. 서울:배영사.

김준규 외(2006). 유아생활지도(개정판). 서울: 동문사.

김충기(2000). 유아생활지도. 서울: 동문사.

마성애(2013). 정서 및 문제행동 유아의 관계형성과 소통을 위한 감정코칭의 효과. 숭실대학교 교육대학원 석사학위논문.

박화윤·김영애·이선원·이희자·안라리(2000). 유아를 위한 창의적 교과교육. 서울: 동문사.

바바라 잉거솔(1994). 부모와 교사, 임상가들을 위한 어린이의 과잉행동과 치료. (김동성 역). 서울: 홍익제.

박성수 외(1996). 상담심리학. 서울: 한국방송대학교출판부.

박성연·이숙 편역(1997). 아동지도. 서울: 중앙적성출판사.

방승희(1997). 활동경험이 유아의 정서인식과 감정에 미치는 영향. 중앙대 교육대학원 석사학위논문.

생태학적 이론에 기초한 프로젝트 스펙트럼의 과학 활동이 유아의 자연 이해지능에 미치는 영향.

서울특별시 교육청(1997, 1996). 기본생활습관지도 우수사례집. 서울특별시 교육청.

서울특별시 성동교육지원청(2012). 3-5세 연령별 누리과정 지원을 위한 연수. 서울특별시 성동교육지원청.

서울특별시성동교육청(2013). 3-5세 연령별 누리과정 지원을 위한 연수.

새세대육영회(1985). 유아의 생활습관과 행동지도. 서울: 새세대육영회.

심성경(2004). 유아음악교육. 경기도: 양서원.

안영진(2006). 21C교사양성을위한 아동발달. 경기도: 공동체.

안영진(2007). 세계화와 민주시민 양성을 위한 유아생활지도. 서울: 창지사.

양승희·박낭자(2005). 교사평정용 유아사회지능 평가도구. 서울: 동문사.

이대균 외(1999). 유아생활지도. 경기도: 양서원.

이찬교·최정숙·조화태(1996). 교육의 이해. 한국방송통신대학 출판부.

장선철(1995). 유아생활지도. 서울: 동문사.

정동화(2003). 유아생활지도와 상담. 서울: 서현사.

정보인(1992). 행동수정을 통한 어린이 문제행동 지도-일반 어린이와 장애 어린이. 서울: 중앙성출판사.

정용부·고영인·신경일(1998). 아동생활지도와 상담. 서울: 학지사.

조운주(2004). 유아교육기관에서의 유아생활지도. 서울: 창지사.

한양여자대학교부속유치원(2012). 2012학년도 유치원 교육과정.

홍숙정(1997). 창의적 학급 활동을 중심으로 한 유아를 위한 사회교육. 서울: 창지사.

홍연숙·김진선·손윤경(2006). 영유아생활지도. 경기도: 공동체.

Allport. G. W. (1961). *Pattern and Growth in Personality*. NY: Holt, Reinehart & Winston.

American Psychiatyr Association(1994). *DSM-IV: Diagnostic statical manual of mental disorder(4th ed.)*. Washington, D. C.: A. P. A.

Azrin, N. H., Sneed, T. J., & Fox, R. M. (1974). "Dry-Bed Training: Rapid Elimination of childhood Enuresis", *Behavior Research and therapy, 12*. 147-156.

Baldwin, A. L. (1948). Socialization and the Parent-Child Relationship, *Child Development, 19*. 127-136.

Bee, H. L. (1978). *The Developing Child*. NY: Happer & Row.

Bee, H. L., & MilChell, S. K. (1980). *The Developing Person*. San Francisco: Happer & Row.

Bettelheim, B. (1974). *The Home for the heart*. NY: Knoff.

Bexton, W. A. (1954). Heron, W., & Scott, T. H., "Effects of decreased variation in the sensory environment", *Canadian J. of Phychology*.

Blanco, R. (1988). *Prescription for children with learning and adjustment problems*. Springfield, IL: Charles C. Thomas.

bowlby, J. (1958). "the Nature of the child'sTie to the Mother," Int. J. Psycho-Anal.

Brammer, L. M. & Shostrom, E. L(1977). *Therapeutic Psychology-fundamentals of Counseling & Phychotherapy*. New jersey: Prentice Hall.

Coombs, A., & Snygg, D. (1959). *Individual Behavior*. NY: Happer & Row.

Coopersmith, S. (1968), "Studies in Self-Esteem, Sci. Amer., 218: 96~107, *The Antecedents of Self-Esteem*. San Francisco: W. H. Freeman, 1967.

Devoe, M. W. (1977). "Cooperation as a Function of Self-concept, Sex and Race", *Educational Research Quarterly, 2*: 3-8.

Dinmeyer, D. C. (1968). *Guidance and Counseling in the Elementary School: Readings in Theory and Practice*. NY: Holt, Rinehart & Winstorn.

Erickson, E. H. (1950). *Childhood and society*. NY: Norton.

Fowler, W. (1980). *Infant and Child Care: A Guide to Education in Group Setting*. Boston: Allyn and Bacon.

Freud, S. (1960). "Jokes and Their Relation to the Unconscious", *Complete Words, Vol.8*. London: Hogarth.

Frobel, F. (1912). *Chief Writings on Education*. London: Arnold.

Gaston, E. (1968). *Music in Therapy*. NY: Macmillan.

Ginott, H. (1965). *Between Parent and child*. NY: Macmillan.

Gottman. J. M., & 남은영(2007). 내아이를 위한 사랑의 기술. 서울 : 한국경제신문.

Gottman. J. M., & 최성애·조벽(2011). 내 아이를 위한 감정코칭. 서울: 한국경제신문.

Gumaer, J. (1984). *Counseling and Therapy for Children*. NY Free Press.

Hall, C. S., & Lindzey, G. (1957). *Theories of Personality*. NY: John Wiley & Sons, Inc.

Hebb, D. O. (1960). "The american Revolution", *American Psychologist, 15*:73~75.

Hoffman, M. L. (1984). *Interaction of effect and cognition in empathy*. Inc Izard, J. Kagan & R. Zajone(EDs). Emotion

Kokenes, B. (1974). "Grade level differences in factors of self-esteem", *Developmental Psychology, 10*:954~958.

Kramer, E. (1958). *Art Therapy in Children's Community*. Springfield, IL: Thomas.

Landau, S., & McAnich, C. A. (1993). Young children with attention deficits. *Young Children, 48*(4), 49-58.

Malloy, H. L., & McMurray. P. (1996). Conflict strategies and resolution: Peer conflict in an integrated early childhood classroom. *Early Childhood Resarch Quarterly, 11*(2), 185-206.

Meisel, S., & Steel, D. (1991). The Early Childhood Portfolio Collection Process. *Center for human growth and development*. Ann Arbor, MI: University of Michigan.

Miller, D. F. (2003). 아동생활지도. (조희숙·공숙자·김선옥 공역). 서울: 창지사(원서출판 2000)

Morrison, G. S. (2001). *Early Childhood Education Today*. (8th ed.). New Jersey: Merril Prentice Hall.

O'Brien, S. J. (1984). For Parents Particularly. Childhood Stress: A creeping phenomenon. *Childhood Education, 65*(2), 105-106.

Oken-Wright, P. (1992). From tug of war to " let's make a deal": The teacher's role. *Young Children, 48*(1), 15-20.

Ornum, W. V., & Mordock, J. B. (1983). *Crsis Counseling with Children and Adolescents*.

NY: Continum.

Peck, R. F., & Havighurst, R. J. (1960). *The psychology of character development*. NY: Jhon Wiley.

Piaget, J. (1970). *Judgment and Reasoning in the Child*. NY: Peter Wydn.

Rogers, C. (1980). *A Way of being*. Boston: Houghton Mifflin.

Shaefer, E. S. (1959). "A Circcemplex Model for Maternal Behavior", J. of abnor. &. Soc. *PSYCHOL*, 226~235.

Shaklee, A. D. et al. (1997). *Designing and using Portfolios*. Boston, NY: Allyn and Bacon.

Shertzes, B., & Stone, Shelly, C. (1981). *Fundamentals of Guidance*(4th ed.). Boston: Houghton Mifflin.

Snow, C. W. (1998). *Infant Development*. New Jersey: Prentice-Hall, Inc.

Thomas, A., & Chess, S. (1977). *Temperament and Development*. NY: Bruner Maxel.

Wiedey, L. B., & Lichtenstein, J. M. (1987). *Academic Stress in Kingergarten Children*. ED 310865.

# 색인

## 인명색인

## 내용색인

## 안 영 진 (安榮珍)

- 한양여자대학 유아교육과 교수, 학과장

- 교육학 박사(유아교육전공)
- 한양여자대학 유아교육과 초대 학과장
- 한양여자대학 아동심리 교육센터 초대 교육 센터장
- 교육인적자원부 연구(프로젝트 스펙트럼-유아의 사회적 능력 발달 교육 활동 자료)
- 건국대학교 박사 우수 논문상 수상
- 한양여자대학 우수 저술상
- 전문대학협의회 "교수-학습 프로그램" 연구-개발: 직업능력 원장상 수상
- 교육부 장관상 수상
- (AP)부모교육 전문가
- 한국 영유아 보육 행정 학회 부회장 역임, 서울대, 숙대, 경희대 등 대학원 강의
- 한국 몬테소리 연구학회 이사, 한국 영유아 보육행정학회 이사, 여성 심리학회 이사, 한국심리학회 회원, 서울·경기 스펙트럼 연구회 수십 기관 교육 자문위원
- 한국 프로젝트 스펙트럼 연구회 회장
- 몬테소리·미술 치료사 전문가
- 북부 유치원 장학지도 역임
- 광진구 보육정보 센터 자문 의원, 성동구 보육정보센터 자문위원
- 아동심리전문가·청소년 상담 연구원(교육인적자원부 산하 한국 교육 연수원)
- 우리들은 1학년 교과부 심의의원 및 정책자문
- 한국 프로젝트 스펙트럼 제2저작권 소유(다중지능에 의한 아동 연구교육 프로그램 Ⅰ, Ⅱ, Ⅲ) : 〈하버드 대학연구〉

  Building on Children's Strengths : Project Spectrum(1)(다중지능에 의한 아동의 다양한 능력 개발 프로젝트. 창지사)

  Projcet Spectrum : Early Learning Activities (Project Spectrum 2)

  (다중지능에 의한 아동의 다양한 능력 개발을 위한 프로그램. 창지사)

  Project Spectrum : Preschool Assessment Handbook (Project Spectrum 3)

(다중지능에 의한 아동의 다양한 능력 개발을 위한 평가. 창지사)

**저서**

- 다중지능에 의한 유아교육 프로그램 : 한국적 스펙트럼 프로젝트의 이론과 활동편. 창지사. 2010.
- 인성교육. 창지사. 2010.
- 신 교육심리학. 정민사. 2010.
- 교육심리학. 정민사. 2009.
- 가치로운 삶을 위한 리더십. 정민사. 2009.
- 21세기에 적응하는 부모교육. 양서원. 2008.
- 새로운 유아교육과정에 따른 유아사회교육. 2008.
- 현대인의 정신건강. 창지사. 2007.
- 아동상담. 동문사. 2006.
- 아동발달. 공동체. 2006.
- 다중지능에 의한 아동의 다양한 능력 개발을 위한 평가. 창지사. 2005.
- 다중지능에 의한 아동의 다양한 능력 개발 프로젝트. 창지사. 2004.
- 다중지능에 의한 아동의 다양한 능력 개발을 위한 프로그램. 창지사. 2001.
- 아동심리와 부모교육. 꾸벅. 2002.
- 새 아동발달 연구. 꾸벅. 2002.
- 교육심리학. 창지사. 2001.
- 아동상담. 동문사. 2001.
- 유아의 사회적 능력 발달 교육활동 자료. 교육인적자원부. 2000.
- 유아 생활지도. 삼광출판사. 1998.
- 아동 심리의 발달과 이해. 정일. 1997.
- 특수 아동 교육. 정일. 1997.
- 新 영·유아 발달 총서. 정일. 1997.
- 부모 교육 총론. 정일. 1996.
- 특수아동지도. 길안사. 1996.
- 新 아동발달 심리. 길안사. 1996.

**논문**

- 전문대학혁신 프로그램: 교수-학습 개선지원 사업 자료집. 2008
- 다중지능에 기초한 프로젝트 스펙트럼에 따른 유아의 강점 구체화와 부모인식 변화과정 고찰. 한국유아교육보육정보학회. 2007
- A study on the day care program to enhance the social and emotional development of children. PECERA. 2006
- 종일제 유아교육 프로그램 모형 개발 -프로젝트 스펙트럼 프로그램을 중심으로. 한국유아교육보육행정학회. 2006
- 다중지능에 의한 프로젝트 스펙트럼 바람 활동을 통한 유아의 자연 탐구과정조망. 한양여대논문집. 2006
- 다중지능에 의한 스펙트럼 연구-'그림자' 프로젝트 & '거북선' 프로젝트
서울초등다중지능교육연구회. 2005
- 다중지능에 의한 프로젝트 스펙트럼 과학 활동을 통한 유아의 자연 탐구과정조망. - '바람' 활동에 대한 사례 연구. 한국유아교육보육행정학회. 2005
- Multiple Intelligence by Project Spectrum Activities : Prospect of assembly activities process. PECERA. 2005
- 다지능 적용수업의 이론과 실제. 한국영유아보육행정학회. 2004
- 유아교육의 새로운 방향 제시 및 평가 방법 모색. 한국영유아보육행정학회. 2004
- 한일 예비교사의 다중지능과 친사회적 행동의 관계연구. 한국영유아보육행정학회. 2004
- 프로젝트 스펙트럼에 의한 영역별 교육연구 프로그램. 한국영유아보육행정학회. 2003
- 프로젝트 스펙트럼에 의한 유아의 사회적 능력 발달 프로그램. 교육인적자원부. 2001
- 유아의 사회적 능력발달 프로그램 연구. 교육부. 2000
- 다중지능 이론에 의한 프로젝트 스펙트럼 활동 유아의 사회적 능력발달 교육활동 자료. 교육인적자원부. 2000
- 갈등상황 토론학습이 아동의 추론 능력과 조망수용능력에 미치는 효과. 1998 외 다수

개정
누리과정에 따른
생활 지도 및 상담

개정 1쇄 발행 2013년 3월 15일
개정 2쇄 발행 2014년 7월 15일

지은이 | 안영진
펴낸이 | 김기섭
편집인 | 박연순
펴낸곳 | 창지사 www.changjisa.com
153-802 서울시 금천구 가산디지털 1로 83
파트너스타워 1차 9층
전화 (02) 719-2211~3
팩스 (02) 701-9386
등　록 | 1977년 4월 28일·제1-421호



ISBN 978-89-426-0711-2 (93370)

값 16,000원